Die Stimme der Schamanin

Über die Geister vergangener Zeiten
Voices of the ancestors

Wolf E. Matzker

Autor: Wolf E. Matzker ©
Text: 2022, 2024; 6.8.2024
Verlag: BoD • Books on Demand
GmbH, In de Tarpen 42, 22848
Norderstedt
Druck: Libri Plureos GmbH,
Friedensallee 273, 22763 Hamburg
ISBN: 978-3-7597-7654-9

Die Stimme der Schamanin

Schamanin

Über die Geister vergangener Zeiten
Voices of the Ancestors

Wolf E. Matzker

Inhaltsverzeichnis:

Teil 1

Teil 2

1. Die Stimme der Schamanin:
Mein Grab gehört mir

Da haben sie ein Buch über mich geschrieben, ein dickes Buch, diese modernen Menschen.

Sie haben mein Grab noch einmal untersucht, alles herausgeholt, alles untersucht mit ihren modernen Methoden.

Wer gibt ihnen eigentlich das Recht dazu?

Haben sie mich gefragt, die Schamanin aus der Vergangenheit vor 9000 Jahren, haben sie mich gefragt?

Sie halten es für selbstverständlich, ein Grab zu öffnen, alles herauszuholen, alles in ein Museum zu bringen, alles in eine Vitrine zu packen, um es den Leuten zu zeigen. Sie hinterfragen das gar nicht, sie denken daran nicht einen Moment. Sie wollen die Wahrheit herausfinden. Damit rechtfertigen sie alles. Die Wahrheit.

Ein Grab ist ein sakraler Raum. Der letzte am Ende eines Lebensweges. Keiner hat ein Recht, es zu öffnen, alles herauszunehmen und es auszustellen. Ein Grab in der Erde, in MUTTER ERDE, muss dort für immer bleiben.

Wenn ihr Erkenntnisse gewinnen wollt, dann sucht euch andere Wege. Dann geht in die Natur, dann sprecht mit den Steinen, den Bäumen, den Tieren, dann hört endlich zu, dann hört doch mal endlich zu. Ihr wollt immer was für euch haben, immer, schon so lange, und habt nicht einmal den einfachsten Respekt vor dem anderen, in diesem Fall vor meinem Grab.

Eure Museen sind voller Raubkunst. Sehr, sehr viel Raubkunst, aus aller Welt. Selbst wenn ihr es gekauft haben solltet, bleibt es doch Raubkunst, weil es nicht euch gehört und niemals euch gehören wird.

Meinetwegen fertigt euch Kopien an, mit euren wunderbaren 3-D-Druckern, von meinem Schädel, meinen Knochen und allem, legt das in eure Vitrinen und gebt mich der Erde zurück.

Mein Grab gehört mir. Es ist kein Allgemeingut. Es gehört euch nicht, keinem Museum, keinem der Länder, es gehört nur mir. Zeigt mal Respekt!

Ich könnte den Autoren des Buches „Das Rätsel der Schamanin" eine spirituelle Botschaft senden, aber sie werden sie nicht empfangen können, geschweige denn darauf eingehen. Der Anspruch, eine Sensation für das Museum zu haben, also zu besitzen, ist zu groß. Auch hier zeigt sich das Besitzdenken. Das Ausnutzungsdenken.

Man muss sich das einmal bewusst machen, der große Aufwand, die vielen Untersuchungen, alles kostete viel Geld, viele Leute waren beschäftigt, hatte eine Aufgabe, ein Auskommen – und dann plädiere ich dafür, ein Grab in Ruhe zu lassen.

Oder jetzt, nachdem man alles herausgeholt und aufwendig untersucht hat, es wieder zurückzubringen, um es an ursprünglicher Stelle wieder zu vergraben.

Klar, dass das keiner will und keiner machen wird. Man wird sicher mit dem Argument kommen, dass man die Menschen ja informieren wolle. Man will sie immer informieren. Aber was macht man mit den Informationen?

Für mich ist es ein Sakrileg ist, diese Grabuntersuchung, oder sollte ich besser sagen: Grabräuberei?

Bei der Zerstörung der Megalithgräber ist man sich inzwischen einig, dass es falsch war, die Gräber zu zerstören, dass der dahinter stehende totale Machtanspruch der Kirchen in Sachen Spiritualität autoritär und autokratisch war und ist, da scheint man sich einig zu sein.

Über Raubkunst denkt man nach. Manches will man zurückgeben. Man hat ein Schuldbewusstsein, dass man Fremdes einfach ins Land geholt und als Sensation ausgestellt hat.

Und beim Inhalt der Gräber?

Man will forschen. Man will etwas herausfinden. Das klingt nach einem selbstlosen, ehrenhaften Anliegen. Es klingt so. Hätten sie mein Grab in Ruhe gelassen, hätten sie keine Forschungen betreiben können. Die Autoren Harald Meller und Kai Michel hätten kein Buch schreiben können.

Heutzutage kann man von allem beste Kopien herstellen. Keiner wird merken, dass es nicht die echten Knochen sind, sondern nur ein moderner Kunststoff aus einem Drucker. Das Bild und die mögliche Botschaft bleiben bestehen. Was ist denn überhaupt die Botschaft? Was sagt uns heutigen Menschen das alles? Welche Lehren ziehen wir daraus?

Ziehen die normalen Besucher in einem Museum Lehren aus der Betrachtung?

Ändern sie etwas an ihrem Leben?

2. Ich bin keine Heldin

Sie nennen mich eine Heroin. Sie nennen mich eine Heldin.

Ich bin keine, ich war keine Heldin.

Ich war nur eine Heilerin. Eine Dienerin meines Stammes in Sachen Hilfe und Heilung bei Krankheiten, bei Störungen aller Art des Körpers und der Seele.

Sie wollen immer etwas ganz Großes, die neuen Menschen. Groß, groß, groß, alles muss groß sein. Von den Großsteingräber bis zur großen Umgestaltung der ganzen Erde.

Mir ist das sehr fremd, wenn ich aus meiner Welt in eure schaue. Wir lebten nah an der Erde, nah an den Jahreszeiten, nah am Werden und Vergehen, nah am Tod. Wir wussten, dass wir keine große Macht hatten und niemals haben werden.

Alles konnte schnell vorbei sein. Das Leben konnte einem schnell wieder genommen werden. Wir halfen einander, wir dienten einander. Keiner war anders, ragte heraus. Es wollte auch keiner, weil für unser Überleben alle wichtig waren.

Ich war Teil einer Gemeinschaft.

Mircea Eliade bezeichnete die Schamanen als „Heroen". Die Autoren können es sich nicht verkneifen, zu erwähnen, dass der Religionswissenschaftler Beziehungen zu „faschistischen Kreisen" hatte. Vielleicht hatte er das Konzept des „Übermenschen" im Kopf und suchte danach. Mag sein. Vielleicht suchte er, bewusst oder unbewusst, nach einem „Herrenmenschen" der besonderen Art, der super-geistigen Art und fand ihn im „Schamanen". Das könnte ich mir vorstellen.

„Psychopompos" - Seelengeleiter, so nennt er sie. Der griechische Begriff klingt für mich aufgeblasen, passt aber zu einem überzogenen Konzept. Der Schamane weiß und kann alles. Grandiose Selbstüberschätzung.

So manche haben sich grandios selbst überschätzt.

War und ist das nicht eines der widerlichen Spiele? Kennen wir das nicht von vielen „Mächtigen"? Der Macht-Wahn ist eine der menschlichen Krankheiten, wenn nicht sogar die alles entscheidende.

„Eine solche charismatische Heroin malte Karol Schauer, der für das Museum in Halle wunderbare Bilderwelten erschafft. Immer arbeitet er mit wissenschaftlicher Akribie." (S.27)

Als man herausgefunden hatte, dass ich dunkle Haut und helle Augen hatte, korrigierte er sein Bild. Das ist gut. Es bleibt aber die Beurteilung einer „charismatischen Heroin". Ohne das geht es nicht. Eine Heldin ist aufregender, motivierender, inspirierender. Wunderbar, dass ich auch dunkle Haut hatte. Das passt bestens zu eurer Zeit! Da ist man endlich endgültig von den blonden und blauäugigen Helden weg. Nur, von der Heldenverehrung ist man nicht weg.

Vielleicht brauchen sie immer Helden, vielleicht ist das schon seit vielen Jahrtausenden der Fall. Vielleicht kommen sie ohne große Helden, charismatische Helden bzw. Heldinnen nicht aus. Wunderbar, dass ich keine „blonder Arierin" war, sondern eine dunkle Heroin.

So dunkel war ich nicht. Ich hatte halt einen dunkleren Teint, na und? Wir Menschen der Mittelsteinzeit lebten meistens draußen.

Während eines langen Spaziergangs über meinen Ur-Hügel musste ich über die „aufgebohrten" Schneidezähne nachdenken. Warum wurde das gemacht?

Die Autoren listen alles auf. Machten sich ebenfalls ihre Gedanken. Über mehrere Seiten gehen ihre Überlegungen. Sie bieten eine schamanische Deutung an. Vielleicht wurden die Zähne, bzw. Wurzelkanäle bis zur Pulpa in einer Art Initiationsritual geöffnet. Vielleicht sollte es der Glaubwürdigkeit als Heilerin dienen, dass sie nämlich Schmerz ertragen konnte für ihre Aufgabe.

„Dahinter stand eine Idee, die wir nicht nachvollziehen können." (S.305)

Eine höhere Idee würde uns sinnvoll erscheinen. Mir ist während meines Spaziergangs keine eingefallen. Kann mir einfach kein Ritual vorstellen, kein sinnvolles, bei dem man die Schneidezähne aufbohren muss. Aber das heißt nichts, denn Menschen haben sich, aus welchen Gründen auch immer, viel Abstruses und Obskures ausgedacht. Hatten eine Idee, fixierten sich auf diese und setzen sie dann in die Tat um.

Da gibt es Beispiele, die ich für total „idiotisch" halte, und an denen trotzdem festgehalten wird, bis heute. Man muss sich nur umschauen!

Schmerzen gab es immer. Wurden einem zugefügt oder sie kamen nach einem Unglücksfall. Muss man sie bewusst hervorrufen? Ich denke nicht. Damals nicht und heute nicht. Wenn Schamanen eine Krankheit oder eine Anomalie hatten und unter dieser litten, dann suchten sie, logischerweise, nach einer Heilung. Man sucht nach einer Heilung, nicht nach einem Schmerz oder einem Leiden.

Eine Art von Verwandlung in eine Schlange halte ich für rein spekulativ. Dann hätte sie auch etwas bei sich haben müssen, dass auf eine Schlange hinweist, jedenfalls kein Geweih. Die Schlange als Kraft- und Heilungstier? Halte ich für eher unwahrscheinlich.

11

„Verlockend wäre die Idee, dass es ihrer Profession als Heilerin geschuldet war: Weidenrinde enthält Salicin, das im Körper in Salicylsäure verwandelt wird.... Sollte unsere Heilerin ihre Zähne bei der Medikamentengewinnung ruiniert haben? Riskierte sie ihre Gesundheit in Diensten der Allgemeinheit? Die Gerbstoffe der Rinde dürften den Prozess forciert, die Salicylsäure den Schmerz womöglich gelindert haben. Wir können es nicht sagen." (S.307-8)

Ich halte das für pausibel und wahrscheinlich. Etwas Wertvolles und Wichtiges gewinnen wollen, aber dafür etwas geben, einsetzen und „opfern" müssen – ein bekanntes Muster. Das kann sich über zwanzig und mehr Jahre hingezogen haben. Vielleicht hat sie damit als Jugendliche begonnen und bis zu ihrem Tod Anfang dreißig gemacht. Vielleicht.

3. Es gab kein Ritual

Es gab kein Ritual, keine Einführung, keine Erlaubnis, keinen Beweis. Alles hat sich im Laufe von Jahren natürlich ergeben.

Ich habe auf vielem herumgekaut. Nicht nur auf Weidenzweigen. Aber auf denen schon sehr oft. Schon als Kind fing ich damit an. Alles Mögliche ausgetestet. Wie schmeckt dies? Wie schmeckt das?

Spüre ich eine Wirkung? Sofort auf der Zungenspitze hinter dem Gaumen. Oder nicht.

Manchmal biss ich auf etwas Hartes oder biss mir was ins Zahnfleisch.

Wenn mir der Instinkt sagte, das es heilsam sein könnte, und ich ein gutes Gefühl hatte, dann schluckte ich ein wenig herunter.

Ich war ganz frei in meinem Handeln.

Keiner schrieb mir etwas vor.

Keiner wollte mich überprüfen.

Die Speeremacher waren auch frei in ihrem Austesten von Holzarten, von Formen. Das Ausprobieren war der Weg. War unser Weg.

Was ihr in eurer modernen Zeit „Initiationsritual" nennt, verlangt schon ein fertiges System. Leute, die bestimmen dürfen und die bestimmen. Niemand bestimmte bei uns.

Es gab keinen Oberschamanen, der das hätte tun können.

Jeder von uns probierte etwas aus. Jeder suchte nach neuen Wegen, neuen Möglichkeiten. Mein Mann baute unsere Zelte und hatte immer neue Ideen. Das dauerte seine Zeit. Die Winter waren lang und wir hatten viel Zeit, lange, lange zu überlegen. Wir waren nicht so schnell, wir mussten es nicht sein.

4. Ihr seid so fixiert auf Dinge

Ihr seid so fixiert auf die Dinge in meinem Grab.

Glaubt ihr wirklich, dass mir die so wichtig waren? Wir erfuhren doch das ganze Leben hindurch, wie schnell die Dinge vergehen. Die Knochen blieben etwas länger erhalten, aber sie vergehen auch. Alles zerfällt zu Erde. Alles löst sich auf. Am Ende zerfällt alles zu Erde oder löst sich einfach auf.

Wie schnell konnte in einem Feuer alles verschwinden. Holz, Federn, Leder, wie schnell konnte alles verbrennen und fort sein ihm weiten Himmel.

Es ging uns nicht darum, Dinge zu bewahren, in einem Museum, das für mich eher ein „Totenbunker" ist.

Es ging um das Seelische! Es ging um Beziehungen. Beziehungen zu den Mitmenschen, unserer Gruppe, anderen Gruppen, zu den Steinen, zu der Landschaft, zu den Bergen, zum Fluss, zu den Tieren, zu den Pflanzen, zu allem, was auch lebt, was auch Seele hat.

Und überall gab es Geister, zu denen wir Beziehungen hatten. Überall wirkten Geister. Oder nennt es einfach nur Kräfte, Energien, Wesenheiten. Wir hatten nicht so viele Wörter. Wir hatten anderen Sensoren. Wir hatten direkten Kontakt.

Ein Geist kann in einem Gegenstand sein, aber er ist nicht davon abhängig.

Mein Wesen, meine Seele wohnte in meinem Körper, aber sie war nicht von ihm abhängig. Sie wohnte nur in ihm, für eine gewisse Zeit. Alles hatte nur eine kurze Zeit. Das Leben war ein Windhauch. Eine Sommer nur, manchmal nur ein schöner Tag.

Meine Seele findet ihr nicht in den Dingen. Das sind nur alte Knochen.

Meine Seele müsst ihr auf anderen Wegen suchen.

Animismus, darunter versteht man den „Glauben an geistige Wesen". Die Autoren Meller und Michel erwähnen den Briten Edward B. Tylor. Der soll den Begriff geprägt haben.

Ein Philippe Descola soll einen neuen Begriff geprägt haben. Danach soll es sich nunmehr um eine andere, neue Art handeln, die Welt wahrzunehmen, nämlich als eine Welt von Beziehungen. Vor allem werde keine strikte Trennung zwischen der Menschenwelt und den anderen Welten gezogen.

Mich interessieren eigentlich keine Begriffe. Diese distanzierten Forscher, die keine eigenen Erfahrungen gemacht haben oder machen, die eigentlich auch nichts leben, halten sich immer mit Begriffen auf. Es geht ihnen um Definitionen. Eingrenzungen, Festlegungen.

Es ist der Schamanin von Dürrenberg, könnte man sie fragen, sicher völlig egal, wie man etwas nennt oder nicht.

Sind Geist und Seele dasselbe?

Wer unterscheidet das umgangssprachlich?

Ein Baum hat einen Geist. Ein Baum hat eine Seele.

Unser Verstand mag unterscheiden, unser Gefühl wohl eher nicht. Man muss etwas spüren, etwas fühlen. Spricht man nicht von „Einfühlungsvermögen"? Wer hat genug Einfühlungsvermögen, wer kultiviert es, wer lebt es?

Die ganze moderne Welt basiert auf der Einstellung, dass die Natur Objekt ist, Rohstoff, mit dem man etwas machen kann. Pflanzen, Tiere, Steine, alles ist nur Rohstoff. Nichts weiter als Rohstoff. Eine herzlose Weltsicht. Wenn man das sagt oder schreibt, gilt man es sentimental. Wenn man die Weltsicht als im Grunde „faschistisch" bezeichnet, wird man schnell ausgegrenzt, denn diese Wahrheit will man nicht hören, aber für jeden sensiblen Menschen, und erst recht für die hypersensiblen, ist der Umgang des Menschen mit der Natur brutal, schlicht und einfach brutal.

15

Viele Menschen können und wollen nicht an „Geister" glauben, denn das würde ihrem rationalen Selbstbild widersprechen. Sie sind doch alle so ungemein vernünftig. Dabei geht es nicht um Glauben und was „Geister" sind, das wissen sie auch nicht.

Ohne eigene Erfahrungen kann man nur herumreden, mehr oder weniger klug, mit Begriffen und Definitionen arbeiten. Diese können niemals eigene Erfahrungen ersetzen. Der rational sich gebende Mensch meint das aber.

Die Autoren Meller und Michel berufen sich nur auf sogenannte „Wissenschaftler". Auf irgendeinen Praktiker des Schamanismus berufen sie sich nicht (oder habe ich es übersehen?). Sie selbst glauben auch an keine Geister, wie sie auf S.326 explizit sagen.

Ich lehne das Wort „Glaube" schon lange ab. Es ist der Begriff der Christen. Ohne Erfahrungen soll man etwas glauben, dass die Mächtigen zur Wahrheit erklärt haben. Das kann nicht funktionieren, wenn es eigenen Erfahrungen widerspricht.

Meller und Michel sehen die Defizite des modernen Menschen, deuten sie jedoch vorrangig als soziale.

„Trotzdem sind alle Menschen von diesem Verlust der guten Geister betroffen, und zwar in einem viel fundamentaleren Ausmaß, als es zunächst scheinen mag. Unsere evolutionär entwickelte Natur verbucht den Verlust nämlich als ein soziales Defizit und damit als Mangel an Sicherheit." (S.326)

Ich denke, dass es mehr ein Verlust an Sinn, Lebenssinn und Geborgenheit in der Natur ist. Man fühlt sich nicht daheim, nicht zuhause. Man fühlt sich nicht als Teil des Lebenskreislaufs.

In allem wirken Geister, in allem, was ist, ist auch Seele. Natürlich sehr unterschiedlich. Es gibt viele, viele unterschiedliche Ausprägungen und Formen. Das ist ja gerade die „Biodiversität", von der seit einigen Jahren vermehrt gesprochen wird, aber eben nur gesprochen, von Liebe und Achtung höre ich da nichts. Und wenn ein Feldhamster ein Bauprojekt behindert, dann muss er gefälligst

16

umgesiedelt werden, weil das Bauprojekt Pirorität hat und nicht etwa der Feldhamster.

Wenn ich die Menschen als „faschistisch" bezeichne, gelte ich als „Misanthrop" oder als „Kulturpessimist".

Ich stehe auf Seiten des Feldhamsters, soweit es sie überhaupt noch gibt. Früher gab es davon nämlich sehr, sehr viele!

Wie unterscheiden sich Geist oder Seele? Ich nahm mir Marco Pogacniks Buch „Die Schule der Geomantie zur Hand und schlug es spontan auf S.65 auf. Dort findet sich eine Graphik. Klar und übersichtlich, wie ich finde. Es geht um die vier Elemente: Erde, Feuer, Wasser und Luft. Die Ebenen sind: Formebene, Kraftebene, Gefühlsebene und Geistebene. Alles zusammen führt ins Ganze oder bildet das ganze Leben.

Die Seele ist für ihn eine im Aufbau, in der Entwicklung befindliche Wesenheit. Ein Geist habe hingegen schon eine höhere, vollendete Ebene erreicht.

Pogacnik erklärt sein System lang und ausführlich. Manchmal finde ich es zu abstrakt. Aber ich halte nichts für falsch.

Sogenannte Wissenschaftler fragen niemals Menschen und Autoren wie Pogacnik, wie man etwas deuten könnte. Vermutlich halten sie sie nur für „esoterische Spinner", die sich etwas zusammen reimen. Es wäre schön, wenn die einen mit den anderen zusammenarbeiten könnten.

5. Mein wildes Denken

Mein Denken war immer wild.

Die vielen Wesen der Natur, mit denen wir lebten, die wir beobachteten. Lauter konkrete Bilder, lauter starke Erlebnisse.

Ich sah nicht nur den Stein oder den Baum.

Ich kannte viele unterschiedliche Baumwesen, alte, junge, verschiedene Arten. Ich kannte so viele Steinwesen. Unendlich viele. Und die Pflanzen erst. Alles in meinem Kopf, nichts auf Papier wie in späteren Zeitaltern. Nichts in einer Geistermaschine, die ihr „Rechner" nennt.

Wenn wir am Feuer saßen, sprachen wir über unsere Vorstellungen von der fernen Zukunft. Wir malten uns vieles aus. Manchmal hatte ich Träume und konnte mir nicht erklären, was ich da sah, aber es gefiel mir nicht, denn meine geliebte wilde Natur gab es nicht mehr. Wie konnte man ohne wilde Natur leben? Ich verstand nicht, was ich sah, ich mochte diese Träume nicht, die mich heimsuchten, und wollte sie nicht haben, nicht erleiden.

Manches war schön, wenn ich gesunde und lachende Menschen sah, die immer genug zu essen hatten, die nicht hungern mussten, die im Überfluss lebten.

Manchmal sah ich Unmengen von Menschen, die alle gefangen waren in einem toten Gebirge aus Stein. Was war das?

Wir Menschen mit den Träumen konnten zurück in die Vergangenheit und vorwärts in die Zukunft träumen. Unser Herkommen war wichtiger als die andere Richtung, denn aus der Zukunft konnten wir nichts für uns gewinnen. Alles war so fern, so weit weg. Da war uns das Herkommen näher.

Was wollt ihr von mir?

18

Wollt ihr etwas lernen für euer Leben?

Warum diese aufwendigen Untersuchungen? Was wollt ihr denn herausfinden?

Meine Welt und eure sind sehr unterschiedlich. Ich habe nichts mit eurer Welt zu tun, gar nichts. Ihr habt euch für andere Geister entschieden, wisst nicht einmal, dass es Geister sind, die euch beherrschen. Geister der Technik, Geister der Umgestaltung der Erde, Geister des Schlaraffenlands, Geister der Gier, und viele andere, die alle nicht meine Geister waren.

Unsere Geister waren Geister der wilden Natur.

Ihr „glaubt" ja nicht an Geister, wie ihr sagt, aber sie dominieren euch. Ihr wollt die Große Natur dominieren, aber werdet selbst von elektronischen Geistern dominiert.

Was wollt ihr bloß von mir?

Einen kleinen Steinzeit-Kick? Oh schaut mal, das war die Schamanin vom Dürrenberg vor 9000 Jahren. Ist das nicht wahnsinnig! Alles so exotisch, wahnsinnig! Dieses Outfit, Wahnsinn!

Wollt ihr das? Ist das alles, was ihr wollt?

Über das sogenannte „**wilde Denken**" hat Claude Levi-Strauß ein Buch verfasst. Ich selbst würde von einer Art Denken in Bildern und Formen sprechen, aber das ist auch nur ein hilfloser Versuch.

Als ich wieder einmal die Lübbensteine bei Helmstedt besuchte, stellte ich mich vor einen Stein und schaute ihn längere Zeit an. Ich umrundete ihn mehrmals und betrachtete seine Form von vorne, von hinten, von der einen Seite, von der anderen Seite. Das machte ich bei mehreren Steinen.

Am Ende kam ich zu dem Ergebnis, dass wir keine Sprache für das haben, was wir sehen und was wir fühlen! Wir können es nicht in Worte kleiden, verbalisieren, wie es von manchen genannt wird.

Die Menschen vor 9000 Jahren konnten es vermutlich noch viel weniger. Sie schauten sich die Steine und anderes genau an. Sie sahen die vielen, vielen Formen. Sie berührten das, was sie sahen. Fuhren Wölbungen nach, Linien, legten die Hände in die Löcher der Steine. Wenn man einen anderen Menschen berührt, dann tut man das auch mit den Händen. Die Hände ertasten das Wesen. Brauchen wir Wörter? Sicher nicht. Haben wir welche? Das auch nicht.

Das gleiche gilt für Trance, womit auch immer in Gang gesetzt, oder für die Empfindungen, hervorgerufen oder verstärkt durch die Einnahme einer psychoaktiven Pflanze.

Welche Trance-Art übte die Schamanin von Dürrenberg aus? Nahm sie psychoaktive Pflanzen, und wenn ja, welche? Welche wuchsen überhaupt in dem Klima damals? Hatte sie eine Trommel? Seit wann gibt es die Trommel?

Die Verarbeitung von Fellen und Tierhäuten hat sicher, so denke ich, schon sehr früh zur Entdeckung der Trommel geführt. Wann genau, das weiß sicher keiner zu sagen oder zu beweisen.

Vielleicht hatte sie nur zwei Klangsteine, die sie aufeinander schlug, oder zwei Hölzer.

Das Kapitel von Meller und Michel über Trance, das „Geheimnis der Trance", ist für Praktiker vielleicht nur intellektuelles Gerede ohne tiefergehende Aussagen. Die Autoren wollen nicht nur rational und distanziert sein, aber zum Eigentlichen stoßen sie nicht vor. Am Ende haben sie nichts in der Hand, keinen Knochen, der etwas beweist. Das Eigentliche hat keine Spuren hinterlassen. Die Stimme der Schamanin ist verklungen und man weiß nichts von ihren Ritualen. Die psychoaktiven Pflanzen müssen wir immer im Kontext der Rituale sehen. Es ging nicht um Konsum als Selbstzweck, sondern um Werkzeuge für ein Heilungsritual.

Vielleicht hat sie nur Pfefferminzblätter gekaut. Das mag despektierlich klingen, meine ich aber nicht so, weil alles Mögliche bewusstseinsmäßig etwas in Gang setzen kann. Es muss nicht unbedingt der Fliegenpilz sein. Vielleicht war es eine Kräutermischung, die sie ins Feuer geworfen hatte.

Da wir letztendlich nichts wissen, könnte man aus meiner Sicht die ganzen Forschungen auch sein lassen. Man könnte die Toten in ihren Gräbern lassen. Und das bitte weltweit. Also auch die Gräber der Skyten. Wenn es um Gold geht, dann sieht man oft den materialistischen Geist der Gier ganz deutlich. Wenn man feststellt, dass die Hanfpflanze verwendet wurde, dann nimmt man es zur Kenntnis und lässt es dabei bewenden.

Selber was leben, darauf kommt es an.

Selber was ausprobieren!

Selber was erfahren!

6. Welches Bild macht man sich?

Welches Bild macht man sich von der Schamanin?

Schaut man sich Fotos von lebenden, bekannten Personen im Netz an, dann findet man sehr, sehr viele, die oft sehr, sehr unterschiedlich sind. Jeder Leser kann selbst mal schauen.

Von prähistorischen Menschen haben wir keine Fotos, keine Gemälde. Karl Schauer, der das Gemälde von der Schamanin in Bad Dürrenberg angefertigt hat, sagt von sich, dass er auf der Basis von wissenschaftlichen Erkenntnisse arbeiten würde. Für ein Museum muss das sicher so sein. Für mich gilt das nicht. Ich könnte sagen, dass ich auf der Basis von **Einfühlungsvermögen** zeichne oder male. Das gilt allgemein als unwissenschaftlich.

Ich habe mir das Gemälde von Karl Schauer genommen und eine eigene Zeichnung mit einem anderen Akzent angefertigt. (Das kann jeder Leser selbst herausfinden.)

Die Autoren Meller und Michel kritisieren in ihrem Buch an verschiedenen Stellen, dass ein Kupferstich von Nicolas Witsens aus dem Jahre 1705 das Bild vom Schamanen geprägt habe. Sie kritisieren zu Recht, dass dieser diffamierende Kupferstich den Schamanen als „Teufelspriester" diskreditieren will und überhaupt nicht der Wahrheit entsprechen würde.

Das Gemälde von Karl Schauer legt nun unsere Vorstellung zumindest teilweise auch wieder fest, weil man sich den Umschlag eines Buches nun einmal oft anschaut, anschauen muss, und sich so das Bild ins Gedächtnis eingräbt, so dass man kaum noch andere Vorstellungen entwickeln kann. Bleibt es nicht letztendlich doch Phantasie, auch wenn man behauptet, auf der Grundlage von wissenschaftlichen Erkenntnissen zu arbeiten?

Und warum sind eigentlich Erkenntnisse auf der Grundlage von

Einfühlung grundsätzlich weniger Wert? Wie die Theologie vor 500 und mehr Jahren, so hat die sogenannte Wissenschaft ihre strikten Bewertungen.

Eigene Zeichnung der Schamanin nach Karl Schauers Gemälde

Auch moderne Schamanen denken, sie müssten sich mit vielen Fellen und Federn schmücken, (jeder kann sich im Netz eine Flut von Bildern ansehen, vieles sehr aufgesetzt, theatralisch, die reinste Show für ein spektakuläres Foto etc.), bräuchten unbedingt eine exotisch wirkende Kopfbedeckung. Keine Frage, das hat es gegeben und gibt es noch heute. Es fragt sich nur, ob es so essentiell für die schamanische Heilarbeit ist oder nicht.

Hängt der Kontakt zu den *spirits* von der Kopfbedeckung ab? Hängt die Verbindung zu den Krafttieren von Fellen und Federn ab?

Ich gehe davon aus, dass die Schamanin von Dürrenberg eine Trommel hatte. Man hatte genug Felle, hatte sie aufgespannt. Bei der Verarbeitung wird man entdeckt haben, dass sie einen Ton von sich geben, wenn man auf sie schlägt. Dann war der Weg nicht mehr weit zu einer Trommel. Und falls nicht, hat sie sicher ein trance-induzierendes Musikinstrument gehabt, und seien es nur zwei Hölzer.

Auf der folgenden Seite ein Versuch einer kreativen Annäherung. Letztendlich ist niemand ein „Übermensch". Manche sehen die Schamanen leider so an, steigern sich in irreale Vorstellungen oder Schwärmereien hinein. Davon halte ich nichts, weil es sich um Projektionen handelt.

Die „Schamanin" als einfache Frau mit Feder im Haar

7. Leben mit der Natur

Wir haben immer mit der Natur gelebt, denn wir waren nur Teil der Natur. Wir fühlten uns nicht besser als die Tiere.

Mein Leben war hart und kurz.

Beschwerlich.

Es ging immer ums Überleben. So aßen wir die gejagten Tiere, weil wir überleben wollten. Das Fleisch gab uns Kraft und Energie. Alles war selbstverständlich. Wir mussten nicht nachdenken, wir mussten nicht überlegen.

Es ging nur darum, wo und wie wir Tiere jagen konnten.

Sicher hatte ich eine Trommel. Und eine Rassel. Und meine Klanghölzer.

Ich war nicht nur die Schamanin, der Mensch, die Steinzeitfrau. Ich war vieles.

Ich war das Reh und der Jäger.

Ich war der Baum und das Holz.

Ich war die Steine und das Feuer.

Alles war verbunden und nichts war getrennt.

Ich war die Steine der Eiszeit.

Ich war die Eichen und das Eichhörnchen.

Ich war verbunden mit den Ur-Ahnen vor Jahrtausenden und mit den Enkeln der Zukunft.

Alles war verbunden.

So habe ich es gefühlt und erlebt.

Ich war das Leben und der Tod.

8. Die Natur ist brutal

Als ich vom Achtermann herunter kam und den Grasweg zum Parkplatz ging, betrachtete ich den toten Fichtenwald zu meiner rechten. Am Rande hatte man tote Stämme zu einem Wall aufgetürmt, zwei Meter und mehr in der Höhe. Da kommt kein Hirsch durch, dachte ich. Schon vor einiger Zeit hatte ich mich gefragt, wie die größeren Tiere, die Rothirsche, mit dem toten Chaoswald zurechtkommen. Chaos deshalb weil die toten Fichtenstämme kreuz und quer im wahrsten Sinne des Wortes herumliegen. Wenn man als Menschenwesen hindurch gehen will oder geht, muss man sehr langsam und vorsichtig gehen, damit man nicht stürzt und sich aufspießt, und das ist keine Metapher, sondern brutale Realität.

Früher besuchte ich oft die magischen Steine am Südrand der Achtermannkuppe. Das ist gegenwärtig wegen des Chaoswaldes nicht möglich. Auch die sogenannten „Breitensteinklippen" kann man aus dem Grunde nicht erreichen. Eine Gruppe von magischen Steinen liegt weiter weg von der Bergkuppe, aber gehört noch zur Gipfelregion. Dort kann man einen kleinen Pfad gehen, mehrere Stämme mit spitzen Astdornen übersteigen und von der Westseite kommt man zum höchsten Punkt leicht hinauf.

Als ich daran dachte, dass die Hirsche mit ihrer neuen Umwelt klarkommen müssen, fand ich eine tote Hirschkuh. Sie war ein wenig mit Gras bedeckt und hatte im Bereich der Brust eine klaffende Wunde. Ich gehe davon aus, dass sie von einem Luchs gerissen worden war, vermutlich erst in der letzten Nacht vor meiner Wanderung.

Ein Luchs frisst Fleisch und kein Gras, also muss er gezwungenermaßen jagen, muss töten. Eine grausame Kausalkette, die mir immer weniger gefallen will, auch wenn mein Verstand weiß, dass das System der Natur nun einmal so ist. Unsere eigenen Menschenbrutalität mag uns oft nicht bewusst sein. Wir haben unendlich viele Städte und Straßen gebaut, die ganze Erde domestiziert und uns unterworfen, beuten sie jeden Tag aus. Jeder, der lebt, nimmt daran hat, hat damit auch Mit-Schuld. Auch ich. Jeder.

Was mag die Schamanin von Dürrenberg gedacht haben? Hat sie überhaupt darüber nachgedacht?

Man wollte leben, man wollte überleben, also jagte man Tiere, um an das Fleisch zu kommen, man ernährte sich von getöteten Tieren. Eine vegane Sentimentalität konnte man sich nicht leisten. Nicht einmal im Traum wird man daran gedacht haben. Die grasenden Tiere fressen das Gras, und die Menschenwesen fressen die Tiere. Einfach nur eine Tatsache, mehr nicht.

Wenn wir sensibel sind, nennen wir das brutal. Logischerweise müssen wir die ganze Natur brutal nennen, weil sie dieses System des Fressens und Gefressenwerdens uns vorgegeben hat. Wir können das auch nicht ändern, weil wir absolut kein anderes System etablieren können. Das wäre vermessen. Die Natur hat die Evolution bestimmt und wird es weiter tun, nicht wir.

Vielleicht würde mich die Schamanin von Dürrenberg nur irritiert anschauen. Vielleicht würde sie meine Gedanken gar nicht verstehen. Was ist, das ist. Die Welt, das sind die Tatsachen. Die Natur, das sind die Tatsachen. An den Tatsachen kann man nichts ändern. *Die Welt ist durch die Tatsachen bestimmt und dadurch, dass es alle Tatsachen sind*, sagte Ludwig Wittgenstein im Tractatus logico-philosophicus. Die Schamanin war keine Philosophin wie Platon oder andere. Das intellektuelle Niveau gab es erst um 500 vor Christus.

Ob sie damals ein Ritual für das getötete Tier gemacht haben? Für seine Tierseele? Wir wissen es nicht. Ich könnte es mir vorstellen, aber man weiß von den Ritualen gar nichts. Die Knochen berichten nicht davon. Anomalien, Genetik, Krankheiten – das ist nicht viel, was man da herausfinden kann. Ich wüsste gern etwas über die Rituale, die Sprache, das Fühlen.

Mir tut die Hirschkuh leid. Sie wurde gerissen, jetzt liegt der tote Körper zu meinen Füßen. Den Luchs wird es freuen. Jetzt hat er erst mal genug zu fressen. Darum geht es. Man muss genug zu fressen haben.

9. Die Stimme der Waldläuferin

Schon damals, vor 6000 Jahren, als sie die großen Anlagen mit den Steinen errichteten, gab es zwei Arten von uns Geistermenschen. In eurer Zeit sprecht ihr von „Schamanen". Später dann von Priestern. Wir sprachen von Geistermenschen, weil sie mit unsichtbaren Geistern sprachen.

Ich war von Anfang an dagegen, die großen Steine zu bewegen. Die allumfassende Natur hatte sie bewegt. Es stand uns nicht zu, sie in unserem Sinne und für unsere Ziele zu bewegen. Und nicht nur das, sie für unsere Zwecke zu missbrauchen. Die Steine wollten für sich sein. Aber diejenigen, die so wie ich dachten, konnten sich nicht durchsetzen gegen die anderen Geistermenschen, die behaupteten, die Steine wollten zu einem neuen, größeren Wesen zusammengebaut werden, einen neuen Körper aus Steinen bilden, der unsere Toten, unsere Ahnen schützen würde. Die Jagdmenschen fanden das großartig und stimmten dem zu.

Was bringt uns das, nur mit den Geistern zu sprechen?, fragten sie. Was haben wir davon, wenn sie nur in der Landschaft herumliegen?

Die meisten Geistermenschen machten an den Projekten mit. So hatten sie eine wichtige Aufgabe neben dem Heilen dazu bekommen. Das stärkte ihre Macht in der Gruppe.

Wir anderen, die wir nur wenige waren, hatten nichts zu bieten.

Aus unserer Sicht sollte jeder Tote einfach im Wald verschwinden. Es war egal, wo sich sein Grab befand, denn er kehrte doch in das unendliche Ganze zurück. Seine Seele war überall und nirgends. Sie war in der Geisterwelt, die alles durchdrang wie die Luft, wie ein Nebel, den man aber nicht sehen konnte, nicht anfassen konnte, den man nur spüren konnte mit einem inneren Organ. Sie wollten, dass man es sehen konnte, dass man es anfassen konnte, dass man die geheimnisvolle Macht der Erde spüren konnte.

Sie entdeckten und entwickelten sogar das Spalten der Steine. Dann hatten sie gleich zwei Decksteine für ihre Anlagen. Mit einer schönen, glatten Unterseite. Es war ihnen egal, dass sie die Steine für ihr Bauwerk zerstörten. Für sie entstand etwas Großartiges. Ewig würden die Steine ihr Werk bezeugen. Ewig würden sie da sein. Von dem Gedanken waren sie berauscht.

Nichts bleibt ewig, sagten wir anderen Geistermenschen. Nichts hat endgültigen Bestand. Alles ist nur Wandel der Gestalten. Auch nicht die Geister. Sie können verschwinden, sich auflösen wie Rauch.

Die anderen waren der Meinung, dass die Geister ewig wären. Die Bauwerke würden es ausdrücken. Allen kommenden Geschlechtern würden sie es vermitteln, und alle würden stolz auf die Herkunft und das Land und die eigene Gruppe sein.

Manche von uns anderen Geistermenschen wurden fortgejagt.

Hau ab, du Heulsuse! Hau ab, du Spinnerin!

Wer stark war, ging seinen Weg allein.

Wer schwach war, machte mit und ordnete sich unter.

Schon damals, in der Steinzeit, gab es unterschiedliche Menschen. Die Unterschiede sind nicht erst heute entstanden. Die einen wollen die Natur um jeden Preis schützen und bewahren, die anderen denken vor allem an die Nutzung und Umgestaltung für ihre Zwecke. Der Gegensatz ist heute extrem geworden.

Es sind zwei völlig unterschiedliche Weltbilder. Naturnutzung. Naturbeherrschung. Nützlichkeitsdenken. Utilitarismus. Materialismus.

Und auf der anderen Seite ein in die Natur integriertes Dasein, das nur das für sich beansprucht, was man zum Überleben braucht, wie die letzten Amazonasindianer, die von den weißen Rassisten ausgerottet werden, wenn sie es nicht schon sind, denn wenn man den Wald abbrennt, zerstört man gleich alles, und das tun sie ja, ungehemmt und ohne Einsicht.

Die Menschen, die mit den Geistern sprachen, hatten ein anderes Weltbild als die normalen Jagd-Menschen oder auch die Geistermenschen, welche die Welt in ihrem Sinne gestalten wollten.

10. Die Stimmen der alten Eichen

Wir kommen aus lange vergangenen Zeiten. Dabei ist es noch gar nicht so lange her, für uns. Nur für euch Menschenwimmelwuselwesen, da ist es lange her.

Wir kommen aus dem achtzehnten Jahrhundert.

Aus dem neunzehnten Jahrhundert.

Oder sogar noch früher.

Manche von uns wurden zu besonderen Anlässen gepflanzt, die mit uns nichts zu tun haben. 1813 oder 1871 sind so zwei Daten. So lässt man uns wenigstens in Ruhe.

Aber jetzt haben wir schwere, sehr schwere Zeiten. Viele von uns sind krank. Vielen von uns werden sterben. Und das alles nur, weil ihr so süchtige, gierige Wesen geworden seid, und keine Ruhe findet, kein Maß, kein Innehalten, kein Aufhören.

Vor sehr langer Zeit verehrte man uns.

Das ist sehr lange her. Als man noch keine Kriege führte, kein Holz für Kriegsschiffe brauchte, keine großen Häuser baute. Das ist sehr lange her. Davon träumen wir noch, denn es war eine schöne Zeit für uns, als man heilige Eichenhaine verehrte. Damals wurden wir von euch bewundert und geachtet. Man brachte uns Geschenke, die wir zwar nicht brauchten, aber es war eine schöne Geste und zeigte uns eure Wertschätzung. Davon spüren wir heute nichts mehr.

Ihr seht uns gar nicht mehr. Ihr seht nicht unser Leiden, unser Sterben.

Ihr seid nur mit euch beschäftigt.

Ich war nicht nur Menschenwesen, nicht nur die „Schamanin". Ich war auch das Tier, der Baum und der Stein. Ich war vieles. Manchmal wusste ich nicht, was ich alles war, wo die Grenze zwischen mir und dem anderen war. Manchmal verlor sich mein Wissen darum.

Ich war der Bussard.
Ich war die Feder.
Ich war der Wind und der Sturm.
Ich war das Gras der Erde.
Ich war der Fluss.

Dann wieder war alles so deutlich getrennt. Ich – und die anderen Wesen und Dinge.

Alte Eiche in einem Arboretum

Bäume sind große Wesen.

Das mag sich nach einer Banalität anhören, die jeder weiß, aber man muss es sich einmal wirklich bewusst machen, dass es so ist. Steht man einige Zeit an oder unter einem großen Baum, dann wird einem das mehr und mehr bewusst.

Die meisten Menschen gehen unter den Bäumen dahin und sind völlig mit ihren Dingen, ihren Alltagssorgen beschäftigt. Sie bleiben nicht stehen, sie verweilen nicht.

Ein Naturverehrer bleibt stehen und schaut hinauf.

Steht man an einem dicken Stamm, dann erfasst man ein wenig das, was sich direkt vor einem befindet oder man schaut ein paar Meter hinauf. Man sieht knorrige Auswüchse oder abgestorbene Äste.

Kürzlich stand ich vor einem dicken Stamm einer alten Eiche. Der Stammumfang mag 6 Meter gewesen sein. Die Rinde hatte eine Komplexität und Vielfalt an Formen. Jüngere Eichen unter 100 Jahren sind da ganz einfach dagegen.

Geht man zwanzig Schritte weg, dann kann man den ganzen Baum sehen. Allerdings nur aus der Entfernung. Die ausladende Krone ist eine Welt für sich. Da können wir im Grunde nichts erfassen. Selbst dann nicht, wenn man von seinem Haus in die Krone eines Baumes schauen kann. Wir sind keine flinken Eichhörnchen. Die können das.

Ich habe sehr viele Fotos von Bäumen gemacht, komme aber zu dem Schluss, dass es ein sinnloser Versuch ist, einen Baum zu erfassen. Es ist am Ende nur ein technischer Trick, so wie ja vieles, was der moderne Mensch macht, nur ein „Zaubertrick" ist. Er erfasst es nicht richtig, und beherrschen?, davon kann überhaupt keine Rede sein. Viele Bäume haben gegenwärtig eine sterbende oder tote Krone. Wer schaut hinauf? Wer nimmt es bewusst zur Kenntnis? Was sagt uns eine sterbende Krone? Was spüren wir, wenn wir das wahrnehmen?

Alter Eichenstamm, Durchmesser 1,5 Meter

Einst, vor Jahrhunderten oder Jahrtausenden, verehrte man in den Eichen einen Gott. Das ist lange her und im Grunde vergessen.

Wer es heute praktiziert, ist nicht anerkannt, wird eher belächelt oder ausgegrenzt. Am besten, man spricht nicht davon.

Soweit sind wir gekommen, dass man am besten gar nicht davon spricht!

Gestern besuchte ich die Odins-Eichen, so nenne ich einige Eichen, die sich beim „Heiligen Hain" befinden. Dieses kleine Naturschutzgebiet heißt tatsächlich so, das zur Information für diejenigen, die es nicht kennen. Es steht sogar auf den Straßenschildern! Die Odins-Eichen sind logischerweise nicht ausgeschildert.

Sie sind nicht sehr alt, um die einhundert Jahre, aber das ist nicht entscheidend, sondern der *spirit*, den sie ausdrücken bzw. die Wirkung, die sie auf Menschen haben, die die Natur verehren.

Eine der Odinseichen beim Heiligen Hain

Odins Eichen?

Was ist mit Donar?

Welchem Gott oder welcher Göttin kann man die Eiche zuordnen? Was sagen sie selbst, die Eichen?

Es gibt sehr unterschiedliche Eichen. Betrachtet man bewusst diese Bäume, dann hat man schnell eine Anzahl von unterschiedlichen Exemplaren mit jeweils recht unterschiedlichem Charakter. Das ist die Biodiversität, von der oft geredet wird, aber die man de facto vernichtet, weil man nur der menschlichen Zivilisation huldigt, die so wunderbare Technologien hat, wie diesen Computer hier, nur dass diese Technik im Kern destruktiv ist, nicht Teil des natürlichen Kreislaufs der Biologie.

Also, es gibt ganz unterschiedliche Eichen.

Den Eichen dürfte es egal sein, was wir sagen, wie wir sie nennen, ob wir einen Namen haben oder auch keinen. Sie wollen einfach nur wachsen und in Ruhe gelassen werden.

In einem Buch über die Megalith-Anlagen in der Altmark fand ich ein Foto der Grabanlage bei Drebenstedt, wo ich eine starke Odinseiche entdeckt hatte. Das Foto von 1890 zeigt eine kahle Anlage, kein Baum! Heute, 2022, stehen dort eine Reihe von unterschiedlichen Eichen, und eben die genannte Odinseiche.

Wofür steht denn nun Odin, könnte man fragen. Für einen kraftvollen Geist, der die Magie der Natur und ihren Zauber betont. Letztendlich kann man es aber nicht verbalisieren. Meine Zeichnungen drücken mein persönliches Empfinden, meine Wahrnehmungen, meine Emotionen aus. Würde ich jeden Tag eine Zeichnung von ein und derselben Eiche machen, dann wären alle Zeichnungen unterschiedlich. Ganz so, wie die real lebenden Eichen. Biodiversität, wie gesagt. Ein abstrakter Begriff, aber die vielen, vielen, unendlichen konkreten Bäume: wer nimmt sie wirklich zur Kenntnis?

Oder wer „liebt" sie?

Eine der Odinseichen beim Heiligen Hain

Odinseiche bei der Megalith-Anlage bei Drebenstedt

Eine Donars-Eiche. Solitär stehend, vom Blitz getroffen. Die Wunde des Baumes ist deutlich zu erkennen.

Bei der folgenden Eiche hatte ich gleich das Gefühl, dass sie zu Freya passen könnte. Ihre Form und ihre ganze Aura drückten für mich Weiblichkeit aus. Ganz anders als die oben so genannte Donars-Eiche. Sie stehen beide nicht weit voneinander entfernt, was mich zu dem Gedanken brachte, dass Eichen auch so etwas wie Familien bilden könnten. Die germanischen Götter (wie übrigens viele Systeme) stellen eine Familie dar. Das bietet sich auch an, wenn man über höhere, göttliche Dimension nachsinnt. Da kommt man zwangsläufig zu Mann und Frau, Gott und Göttin. Beides findet sich überall in der Natur, beides gehört zum Ganzen, zum Kreis des Lebens dazu.

Stehen mehrere Eichen zusammen, dann bilden sie einen Eichenhain. Oder ganz einfach eine Gruppe von Eichen. Wie wir das deuten, bleibt die Entscheidung von jedem Einzelnen. Und es hängt davon ab, ob alle gleich alt sind, oder ob es vielleicht eine Großmutter gibt oder nicht.

In spiritueller Hinsicht hat man uns eine patriarchalische Sichtweise aufgezwungen, die bis heute nachwirkt. Das WEIBLICHE hat keinen hohen Stellenwert (vgl. die Magd des Herrn). Es wird nicht als eigenständig und gleichwertig angesehen. Die ganze Zivilisation, und das weltweit, orientiert sich nicht an MUTTER ERDE und sieht somit auch nicht eine Repräsentantin der GÖTTIN in einer Eiche.

So dürfte eine Odins- oder Donar-Eiche schneller auf Zustimmung stoßen als eine Freya-Eiche.

Wir sind Bäume. Eichenbäume. Wir sind keine Götter, wir wollen keine sein. Das sind nur Erfindungen von eurer Phantasie.

Wir kennen den Boden, in dem wir wurzeln. Ohne feste Wurzeln

und guten Boden sind wir nichts. Ihr lebt zu sehr im Wolkenku-
ckucksheim. Ihr lebt in euren Ticks. Wir leben auf und in und aus
dem Boden heraus. Wir haben einen festen Platz. Ohne einen fes-
ten Platz können wir nicht sein.

Wir streben und wachsen hinauf zum Himmel, den wir niemals
erreichen werden und auch gar nicht wollen. Wir bauen keine
Türme in den Himmel.

Wir kennen die Jahreszeiten. Ihren Rhythmus, den ihr durchein-
ander gebracht habt mit eurer nervösen Sucht nach immer mehr
Dingen. Kommt jetzt der Winter, oder kommt er nicht, oder ver-
spätet, oder was? Wir sind verwirrt von allem. Wo ist der alte
Rhythmus geblieben? Worauf sollen wir uns einstellen? Es ist so
warm geworden. Uns gefällt das nicht.

Wie schön ist ein großer Eichenbaum, der sich voll entfalten
konnte. Oft lasst ihr uns keinen Platz. Wie oft stören wir. Wie
schnell werden wir euch zu groß. Alles wollt ihr immer bestim-
men. Uns gefällt das nicht.

Fragt doch mal uns!

Fragt doch mal uns, wie man das Klima in Ordnung bringen
kann!

Wir wissen das. Ihr wisst es nicht. Ihr redet nur herum, trefft
euch auf Konferenzen. Aber niemals fragt ihr die Bäume! Schon
gar nicht hört ihr auf uns. Uns gefällt das nicht!

Ja, ihr schließt schnell die Ohren. Ihr wollt nicht hören. Auf un-
sere alten Stimmen, die viel, viel älter sind als die euren, wollt ihr
nicht hören, nein, ihr weigert euch, jeden Tag.

Was seid ihr nur für Raubtiere? Räubert auf der ganzen Erde
herum, und habt dennoch nicht genug. Seid Jahrtausenden führt
ihr Krieg, metzelt euch gegenseitig ab. Haben wir Eichenbäume
das getan? Nein. Ganze Völker habt ihr ausgerottet. Haben wir
eine Pflanzenart ausgerottet? Nein. Was seid ihr nur für Raubtie-

re!

Und dann die Sklaverei! Wenn es nicht so abgedroschen klingen würde, könnte man fragen, welcher Teufel euch da geritten habe. Welcher böse Geist beherrscht euch, und beherrscht euch immer noch? Welcher Geist ist das?

Wir leben im Wald, wir sind Wald, wir sind Teil des Waldes.

Wir Eichen wollen nur Teil des Waldes sein. Wenn eine von uns genug Raum hat, kann sie sich groß entfalten. Aber darauf kommt es nicht an, es kommt nicht auf den einzelnen Baum an, sondern auf das ganze Netz des Waldes, darauf, darauf kommt es an.

Wenn ihr die Welt noch retten wollt, dann müsst ihr die Bäume fragen. Aber wir sagen euch: Am besten ihr verschwindet.

Ihr seid eine aggressive Spezies, die alles durcheinander gebracht hat. So jemand muss verschwinden. MUTTER NATUR wird euch abschaffen. Stellt euch darauf ein. Eure Welt der Megastädte ist keine natürliche Welt. Ihr könnt sie nur aufrecht erhalten, indem ihr das Land und den Boden aussaugt. Immer weiter aussaugt. Das kann und wird nicht lange gut gehen. Das muss beendet werden. MUTTER NATUR wird es beenden.

Schöner wäre es, wenn ihr die Bäume fragen würdet, wenn ihr auf uns hören würdet. Das wäre viel schöner!

11. Die Stimmen der Steine

Die Stimmen der Steine – ich höre schon die Skepsis der Menschen. Oder gleich die abwehrende Kritik. Das sind doch nur deine Phantasien, deine persönlichen Vorstellungen.

Ich stehe hier bei der Megalith-Anlage bei Drebenstedt, direkt hinter mir die stärkste Eiche, die am südlichen Rand der lange Anlage steht. Eine Eiche, die den Geist von Odin ausdrückt, also eine Odins-Eiche. Der spitze Stein links von mir passt dazu.

Ein Wort zu den Selfies. Es geht dabei nicht um mich, sondern darum, mit meinem Gesicht etwas auszudrücken, das zu dem Ort passt. Da ich kein Modell habe, sagen wir eine *Schamanin* mit passendem Outfit etc., muss ich mich selbst nehmen und versuchen den Geist des Ortes auszudrücken.

Eine Bekannte hat eines meiner Selfies verfremdet, um die Kommunikation zwischen dem Menschen und den Steinen deutlicher zu machen.

Wenn man sich wie ich vier Jahrzehnte darauf eingestellt hat, die Botschaften der Natur zu erfassen, zu spüren, zu fühlen, dann kann man, denke ich, mit einem gewissen Recht sagen: Das sind die Stimmen der Steine!

In der westlichen Kultur werden immer absolute Beweise gefordert. Die gibt es nicht. Jedenfalls vorerst nicht, und gibt es sie denn in anderen Bereichen? Wo hat es sie denn gegeben? Und wenn, hört man dann auf sie?

Mutter Erde spricht eine deutliche Sprache, was den Zustand des Klimas betrifft, aber die Leute wollen weiter herum diskutieren, tricksen, um Geld feilschen, sich was einreden und schön reden etc. Mehr will ich zu der Skepsis oder der Ablehnung nicht sagen.

Wer die Steine kennt und liebt, der weiß aus Erfahrung, dass sie sprechen. Logischerweise anders als wir nervösen Menschen, die oft viel zu schnell sprechen. Als älterer Mensch fällt mir mehr und mehr auf, dass die Älteren und die Jüngeren in verschiedenen Zeitabläufen leben.

Die Steine haben eine viel, viel langsamere Weise der Existenz. Was sind da schon Jahrtausende! Seit der letzten Eiszeit liegen im Norddeutschen Raum die großen Findlinge, die das Eis aus Skandinavien hierher transportiert hat. Jahrtausende lagen sie herum, bevor Menschen sie vor circa 5000 Jahren bewegten. All das sind lange Zeiträume, viele, viele Generationen. Uns heutigen Menschen der Automobilkultur kommen schon 100 oder 200 Jahre sehr weit weg vor.

Die Stimmen der Steine, das ist eine Metapher. Die Steine haben eine Ausstrahlung, eine Wirkung auf uns, visuell und viel tiefer gehend zu unserer Ur-Seele. Wir haben keine „Sprache" dafür. Jedes Foto ist nur ein Ersatz für konkretes Dortsein. Man muss ganz real dort draußen sein.

Wir Steine sind nicht tot. Wir sind keine tote Materie. Es gibt keine tote Materie.

Ihr stellt die dumme Frage, wie oder woher das Leben gekommen sei. Es war von Anfang an da. Denn Leben ist immer und überall im Universum. Wie auch Bewusstsein.

Natürlich ist es unterschiedlich verteilt.

Natürlich wirkt manches tot.

Aber das liegt nur daran, dass man nicht in die Tiefe schauen kann. Die Altvorderen wussten es doch längst. Die Geistermenschen der Urzeit. In allem, was ist, sind Atome. Atome leben, denn die Elektronen müssen kreisen. So einfach ist das.

Also denkt nicht mehr, dass wir Steine tot sind.

Wir leben, wir wandeln und verändern uns, nur langsam, manchmal sehr, sehr langsam. Wir sind Meister der Stille und der Langsamkeit.

Aber wenn wir sehr heiß sind wie Lava, dann können wir fließen wie ein Fluss.

Wir großen Steine der Eiszeit, wir kamen aus Skandinavien mit dem Eis hierher in die Heidegebiete. Seit Jahrtausenden liegen wir hier, ruhen uns aus. Wer weiß, wann es weiter geht und wohin.

Auch wir haben unsere Erfahrungen gemacht, ganz wie ihr Menschenwesen. Nur andere eben. Unsere Herkunft, unsere Wanderung, unser Dasein in der Heide – alles haben wir gespeichert.

Wir wissen, wer uns hasst und zerstören will – und wir kennen diejenigen, die uns schätzen und lieben.

Unsere Geheimnisse teilen wir nur mit denen, die uns lieben.

Ist es nicht bei euch auch so? Man teilt seine Geheimnisse, sein Wesen doch nicht mit seinen Feinden!

Einerseits sind wir stark und hart, halten grimmigen Frost und tausend Jahre wie nichts aus. Anderseits sind wir schwach, wenn so ein Menschenunhold mit Dynamit daher kommt und uns sprengen will. Dass euch so viel Macht gegeben wurde, ist uns unverständlich. Für uns seid ihr Kinder eines bösen, dunklen Geistes, der Lust hat, Dinge zu zerstören, zu vernichten.

Als die ersten Geistermensch hier waren, da war es ganz anders. Sie berührten uns liebevoll und achteten uns. Da gab es noch nicht die Bautrupps der Megalith-Anlagen. Unter denen gab es dann die sensiblen – aber auch die Haudegen, die Brutalen. Das war immer unterschiedlich, wer die Macht und das Sagen hatte.

Die ersten Geistermenschen waren uns die liebsten, denn sie wollten das Land ganz so bewahren, wie es durch die Eiszeit gestaltet worden war.

Sie wollten keine Steinebeweger sein. Sie wollten sich nichts anmaßen, wobei sie damals auch noch gar nicht die Möglichkeiten dazu hatten. Die kamen erst später, sehr viel später. Jahrtausende später.

Aber die Erbauer der Anlagen waren immer noch viel besser, als die Hassprediger, die danach auftauchten. Die hassten alles. Den Ort, die Steine, die Rituale der Menschen. Die wollten nur zerstören. Und sie zerstörten auch sehr viel. Sprengten Steine für ihre Totentempel! Sprengten Steine für ihre Burgen und ihre Türme. Die Achtung vor den Steinen hatten sie nicht. Nie gehabt. Fanden es nur lächerlich. Machten sich lustig. Tranken feuriges Wasser und lachten sich kaputt, wenn ein spätgeborener Geistermensch die alten Steine schützen wollte. Sie spuckten auf uns, sie pinkelten auf uns.

Was mussten wir nicht für Verachtung ertragen.

Aber immer gab es Menschenwesen, die uns würdigten. Die gab es immer wieder.

Am nördlichen Rand der Anlage bei Drebenstedt steht ein einzelner, großer Stein. (Auf dem Foto Seite 50 oben zu erkennen.) Ein Wächterstein, wie im Internet behauptet?

Ich weiß nicht, ob er tatsächlich von Anfang an dort stand. Mir kam er eher wie ein Deckstein vor, den man aufgerichtet hatte. Vielleicht als Abwehrstein für diejenigen, die immer noch an die alten Götter glaubten, die sich nicht der christlichen Knute beugen wollten? Es bleibt Spekulation. Ich weiß es nicht. Jedenfalls scheint mir der Stein im Verhältnis zu den anderen Steinen als Begrenzungsstein zu groß zu sein.

Gegenüber wem sollte der Stein eigentlich vor 5000 Jahren ein Wächter gewesen sein?

Auf der rechten Seite ist ein Gesicht mit einem spitzen Bart zu erkennen. Die waagerechte Einkerbung wäre dann der Mund.

Viele Steine haben ein Gesicht – oder sogar mehrere. Es bleibt dem heutigen Besucher und Betrachter überlassen, was ihm das Gesicht zu sagen hat, oder ob er es überhaupt erkennt oder nicht.

Vielleicht hat man ihn in späterer, germanischer Zeit dort aufgestellt und er soll einen der germanischen Götter darstellen. Donar? Das ist eine weitere Spekulation. Vielleicht sollte er damals einen heiligen Eichenhain schützen. Megalithanlagen könnten ja durchaus von späteren Menschen für ihre Rituale genutzt worden sein. Warum auch nicht? Die Zeit der Erbauer der Anlage war lange vorbei. Die kleinen Schälchen oben auf dem Stein, wie sie auf einem Foto im Netz zu sehen sind, könnten dafür sprechen.

Ein Wächterstein bei der Anlage von Drebenstedt?

Manche Menschen kommunizieren lieber mit der Natur, mit den Bäumen, den Steinen, den Pflanzen, den Tieren. Viele Besitzer von Katzen und Hunden tun das, und finden es völlig normal. Das ist es auch. Man kommuniziert mit dem oder denjenigen, die einen verstehen und mit denen man eine Verbundenheit spürt.

Die Kommunikation unter den Menschen ist vielfach gestört. Man kann die Störfaktoren gar nicht mehr alle aufzählen, so viele sind es geworden.

Sehr wichtig ist der Aspekt, dass es kein gemeinsames Weltbild mehr gibt. Es gibt nichts Selbstverständliches. Diskussionen können das nicht herstellen, weil Diskussionen schon im Ansatz auf

Streit und Auseinandersetzung angelegt sind, aber eine Gemeinsamkeit schlichtweg vorhanden sein muss, als Grundlage, als Basis von allem.

Die Erbauer der Megalith-Anlagen, davon gehe ich mal aus, hatten ein gemeinsames Weltbild. Sie hatten ein gemeinsames Land, von dem sie lebten, sie hatten einen gemeinsamen Erfahrungshorizont und sie fühlen sich miteinander und untereinander sehr verbunden. Sie hatten eine Gruppenseele. Eine Stammesseele. So fühlten sie sich auch mit den Steinen verbunden.

Wie lieben die stille Kommunikation.

Die Gespräche der Menschenwesen sind uns zu laut, zu schnell, zu aufgekratzt, zu aggressiv. Zu oft ist es nur wildes Geschrei. Wir mögen das nicht. Das ist nicht unsere Art.

Ihr Gebrüll und ihr Lachen sind uns zuwider, denn oft ist es nur die Folge eines Getränkes, das sie in sich hineinkippen. Sie sind davon besessen. Sie sind überhaupt besessen von bösen, wilden Geistern, die sie nicht kontrollieren können, aber sie glauben es, reden es sich ein, dass sie es könnten.

Bei dem Bau der großen Anlagen haben wir ihnen geholfen, uns leichter gemacht, weil die meisten eine gute Absicht hatten und die heilige Erde verehrten, unser aller Mutter. Aber dann haben wir uns in die Stille zurückgezogen. Manche finden zu uns. Manchen teilen wir etwas mit, auf unsere stille Art und Weise. Die meisten, die kommen, sind schnell wieder weg. Wir haben ihnen nichts zu sagen, und sie uns nicht. Es sind unruhige Wesen, die Unterhaltung suchen und schnell gelangweilt sind.

Zu denen passt der Kasten, den manche „Flimmerkasten" nennen, wie wir gehört haben. Das ist nicht unsere Welt und wird es niemals sein.

Wir lieben die stille und langsame Kommunikation. Ein Wort in hundert Jahren. Ein Satz in tausend Jahren. Versteht ihr das?

Unsere Welt ist klar und einfach, sie ist elementar. Eure Welt ist vertrackt und kompliziert. Komplex nennt ihr es. Aus der Sicht der Steine ist es eine Welt voller Lügen, voller Betrug, voller Gemeinheiten, voller Intrigen.

Zu uns kommen nur Menschen, die eine reine Welt suchen und wünschen, die selbst schon rein sind. Die Luft ist leicht und ein Stein ist schwer. Das Feuer ist heiß und das Wasser gibt Leben und Frische. Für uns sind die Dinge einfach. Die Dinge sind so, wie sie sind. Ein Stein ist ein Stein. Bei euch ist das nie klar, weil die meisten eben lügen und betrügen müssen, um in eurer Welt zu überleben. So sagt jemand, er würde die Natur lieben, weil es opportun ist, aber im Grunde hasst er die Natur. Ihr seid nicht ehrlich, ihr seid nicht echt.

Ein Stein ist immer echt. Er ist das, was er ist. Er braucht keinen falschen Schein. Sein oder Schein?, jeder kennt die Frage, kennt den Gegensatz. Ein Stein ist immer Sein. Einfach nur ein Stein sein, das ist seine Wahrheit, sein SEIN. Ein Stein ist immer in der Wahrheit.

Ihr jedoch seid immer in der Falschheit, weil ihr seit Jahrtausenden auf dem Pfad der Lügen wandelt. Haltet euch für menschlich oder moralisch, seid aber genau das Gegenteil. Eure Schizophrenie stößt uns ab. Der Frost und das Wasser können uns spalten, das wissen wir, das erfahren wir, aber unser Geist bleibt immer in der Einheit des wahren Seins.

12. Die Stimmen der Felsen

Die von mir behandelten Steine findet man in der Heide. Sie sind kleine Findlinge, oder große, gigantische Steine. Sie sind getrennt vom Untergrund. Sie liegen auf dem sandigen Boden der Heide, denn sie kamen mit den Eiszeiten, und es waren ja eine ganze Menge an Eiszeiten, aus dem Norden in die heutigen Heidegebiete. Viele der großen Steine wurden für den Bau der Megalithgräber verwendet. Von denen wurden in der Neuzeit dann viele zerstört. Die heutigen Megalithgräber haben den Status eines Kulturdenkmals.

Felsen sind hingegen mit dem Untergrund, dem Felsmassiv verbunden. Nicht immer, aber sehr oft. Und wenn sie es nicht sind, wenn sie also solitäre Wesen sind, dann ist der Heimatfelsen gleich in der Nähe.

In der Nähe der Kattnäse entdeckte ich vor Jahren einen solitären Felsen. Erst hatte ich ihn nur „Steinriese" genannt, später **Odin**, weil er mich an den germanischen Kraftgott erinnerte. Er hat viele Risse wie Runen. Er steht allein im Wald, hält Wache und hütet die Weisheit des Waldes. Teilweise ist er bemoost.

Seine Höhe beträgt ca. 3 – 3,5 Meter. Auf der östlichen Seiten ist er niedriger, auf der westlichen höher. Die Zeichnung zeigt die südliche Seite des Felsens. Man kann ihn umrunden. In der näheren Umgebung, also ca. zehn Meter, steht kein weiterer Felsen.

Die Fichten auf der rechten Seite sind inzwischen tot. Die auf der linken Seite leben, weil sie deutlich jünger sind. Hier und da kommen neue, kleine Fichten für den Zukunftswald. Ansonsten wachsen hier oben sehr viele Birken.

Inzwischen sind zu viele Fichten umgefallen und man kann den Felsen nicht mehr erreichen. Es gibt viele Kraft-Orte, die man im Harz nicht mehr erreichen kann. Sie brauchen auch ihre Ruhe für die Erneuerung des Waldes.

Steinriese, Südseite

Steinriese, Nordseite

Ich stehe hier seit langer, langer Zeit im Wald. Ich weiß nicht, wie lange ich hier schon alleine für mich stehe. Ich zähle keine Jahre. Es sind mir viel zu viele. Und was sagt das auch, tausend Jahre, hunderttausend Jahre?

Ich habe nicht ein Gesicht, ich habe viele. Und viele Augen.

Es kommen nicht viel Menschenwesen zu mir, denn ich stehe abseits der Wanderwege, abseits von dem Gipfel, den immer mal jemand besucht und schnell wieder fort ist. Ganz selten kommt mal einer zu mir und bleibt bei mir stehen und scheint mich zu erkennen.

Aus meiner Sicht haben die Menschenwesen nur ein paar Sommer, dann sind sie wieder weg. Sie sind zu wässrig, zu luftig. Wie ein Windhauch kommen sie, und verschwinden wieder. Keine schöne Existenz, denke ich mir.

Ich bin hier und bleibe hier. In hundert oder tausend Jahren bin ich immer noch hier. Der Geistermann, der mich seit einigen Jahren hin und wieder besucht, der ist dann schon lange fort. Ob er seine Knochen hier lassen wird?

Wahrscheinlich nicht.

Odins Stein im „grünen" Wald

Steinriese, Ostseite

Steinriese, Westseite

Wenn man oben auf der Kattnäse steht, fällt einem der schräg stehende Felsen auf. Ist das die „Kattnäse"?, mag sich mancher fragen. Die Zeichnung zeigt die Seite, die man oben vom Plateau sehen kann. Die Rückseite kann man logischerweise nicht sehen. Oben rechts ist ein Gesicht zu erkennen.

Der Stein könnte an einen liegenden Faustkeil erinnern. Wir könnten ihn mit dem Gott **Donar** verbinden. Alles, was ist, ist immer in Bewegung – und manchmal ist die Bewegung schnell, hart, voller Gewalt. Eines fernen Tages wird der Fels vom Frost abgesprengt werden und er wird den Berg hinunter poltern. Dann wird es einen neuen solitären Stein geben, der einen anderen Charakter haben wird. Alles wandelt sich, auch der Charakter, nichts, absolut nichts, bleibt so, wie es heute ist.

Das ganze Kleid der Pflanzen des Berges wandelt sich zur Zeit. Viele Fichten sind gestorben. Ein harter, brutaler Schnitt. Dafür haben die Fingerhüte auf der Ostseite Gelegenheit sich stark zu vermehren.

Links vom Donar-Stein stehen Birken. Eine ist abgebrochen. Es kommen neue, kleine Birken. Eine hoch aufragende Birke steht noch. Und das in diesen Zeiten des Wassermangels, was mich wundert. Gras, Heidekraut, Moos und Flechten gibt es überall.

Der Wald im Harz wird teilweise mehr und mehr zu einer Art Dschungel. Undurchdringlich wegen der vielen Brombeeren und der sehr eng stehenden Fichten und Birken.

Wer nicht im Harz oder der Nähe wohnt, findet überall in Deutschland besondere Felsen. Man muss sich nur auf die Suche begeben, das ist alles. Ob man sie dann mit einem der germanischen Götter in Verbindung bringt oder nicht, bleibt jedem selbst überlassen. Es ist alles eine Frage der individuellen Empfindung und Interpretation.

Donars Stein ?

Vor Jahren entdeckte ich einen solitären Stein mitten im Wald. Er liegt unterhalb der Kattnäse bzw. des Wartenberges. Es gibt keinen Weg. Nach meinem Gefühl passt er zu der Göttin **HEL**. Der germanischen Göttin des Todes und der Unterwelt. Es ist schon seltsam, dass mitten im Wald dieser große Stein steht. Ganz für sich. Allerdings liegen in der Nähe weitere Felsen, flachere. Nur dieser „Brocken" ragt so hoch hervor. Wie mag das mal vor Tausenden von Jahren entstanden sein? Warum ist er übrig geblieben, einmal nur geologisch gedacht?

Wie auch immer, für mich passt er zur Göttin HEL.

Tod, Dunkelheit, Vernichtung, Auslöschung. Das wunderbare Programm des Universums. In der Verfilmung des Romans von Hesse, Narziss und Goldmund, gibt es ein kurzes Gespräch zwischen Goldmund und Narziss, in dem letzterer sagt, dass der Schöpfer vollkommen sei, aber nicht die Schöpfung und auch nicht die Menschen. „Gott" wurde und wird als absoluter Kontrast zur Welt gesehen, die vergänglich, voller Defizite, voller Krankheiten etc. ist.

Die alte Göttin HEL kann man mit den unvollkommenen und destruktiven Elementen identifizieren, obgleich sie ja die zwei Seiten der Natur darstellt. Die völlige Auslöschung mag einem dann wie ein wunderbarer Trost vorkommen. Endlich ist es endgültig aus und vorbei!

In der Mitte des Steins ist ein Bärenkopf zu erkennen. Meinetwegen auch der Kopf des Fenriswolfs, der alles verschlingt, obgleich die Schnauze eher kurz ist. Wie wir ja wissen, wird am Ende alles verschluckt. Alles verschwindet im schwarzen Loch. Es ist kein Wunder, wahrlich nicht, dass man sich in dieser Welt nach etwas völlig anderem sehnt.

Felsen der Göttin Hel

13. Die Göttin HEL

*Ich bin die Andere, die ganz andere Göttin mit den zwei Ge-
sichtern, dem schönen und dem schrecklichen, dem lebendigen
und dem toten. Ich bin die rot-schwarze Göttin.*

*Meine Erlösung ist die Auslöschung. Das, was euch so viel
Angst macht, wird eure Erlösung sein. Euer Verschwinden wird
euch befreien. Das ist mein Nirvana, das ich euch schenken werde.*

*Ihr meint immer noch, alles müsste immer weiter gehen, und
dann wieder von vorne, und wieder und wieder. Nein, muss es
nicht. Ich werde es beenden. Das Rad muss sich nicht immer drehen. Es ist sowieso nur leer, ein leeres Drehen ohne Sinn, ohne
Ziel, ohne Ergebnis. Ich werde es beenden.*

*Die Schamanin von Dürrenberg wusste Bescheid, Kannte das
Rote, kannte das Schwarze, kannte das Blut und die Asche.*

*Niemand verehrt mich, denn alle haben nur Angst. Niemand
will die schwarze Milch trinken. Alle wollen nur warme, weiße
Milch mit Honig in einem warmen Zimmer. Wenn meine Auslöschung kommt, braucht ihr das nicht mehr. Ihr werdet nichts spüren und keine Bedürfnisse mehr haben. Ihr müsst nichts tun.
Überlasst alles mir.*

*Das war ein großer Fehler, immer alles beherrschen zu wollen.
Es gibt keinen Herrscher. Dinge entstehen, Dinge vergehen. Gala-
xien entstehen und vergehen. Und ich bin die Auslöschung im kos-
mischen Spiel.*

*Eure Ahnen, die noch mit der Erde lebten, mit den Urahnen und
dem nächtlichen Himmel, die wussten um das große Verschwinden, denn immer sahen sie, wie das rote Blut des Lebens in
schwarzer Erde verschwand, bei jedem Tier, das sie gejagt hatten,
sahen sie es. Sie wussten, das sie nur ein wenig Leben für ein*

bisschen eigene Zeit hatten, nur ein kleines Geschenk und niemals, niemals ewigen Besitz.

Das Spiel des Lebens besitzt keiner. Man spielt immer nur mit, selbst dann, wenn man das Spiel nicht mag und lieber ein anderes hätte, aber es gibt keines.

Göttin HEL, Aquarell

Sie wollen Gewinner sein, immer wollen sie das.

Sie wollen ihr Schlaraffenland behalten, ihr wunderbares, glitzerndes, aufregendes und immer „geiles" Schlaraffenland. Selbst jetzt, wo die Klimakatastrophe sie zu vernichten droht, wollen sie daran festhalten. Sie klammern sich daran, weil sie sonst nichts haben. Spaß und Spiele. Schon immer war es ihr Programm. Spaß und Spiele.

Mein dunkles Gesicht mögen sie nicht.

Die Wahrheit hinter dem schönen Schein hassen sie.

Sie wenden sich ab.

Die schöne Haut, die schönen Haare, der warme Schoß – alles ist nur ein Geschenk für kurze Zeit. Eure Knochen können Jahrtausende in der Erde liegen, können ausgebuddelt werden, wie die Knochen der Schamanin von Dürrenberg, die ihr in einer Glasvitrine in einem Museum ausstellt und nicht begreift, dass ihr ein Sakrileg begangen habt. Nein, ihr begreift es nicht und Wahrheiten wollt ihr nicht hören.

Euer Weltbild ist infantil. Ihr wollt immer Geburtstagsparty machen, wie kleine Kinder. Immer soll es Kuchen und Spiele geben! Das ganze Leben lang!

Meine roten Haare betören euch. Ihr findet sie erotisch. Aber sie werden grau wie die Asche.

Die Schöne und das Biest – ihr kennt das, denn ihr seid gebildet. Aber habt ihr es auch verstanden?

Der Tod ist immer und überall. Im Leben ist der Tod, im Tod ist das Leben. Es ist die Spaltung der Welt, aber dennoch ist sie eine Einheit. Die Einheit des großen Gegensatzes, aller Gegensätze.

Die Schönheit und der Tod.

Die westliche Kultur ist von der Bewunderung und Verehrung des ABSOLUTEN geprägt. Der autoritäre Gott, die totale Macht, die absolute Technologie, der ultimative Gewinn etc., alles hängt zusammen und bildet eine unheilvolle Einheit eines totalitären Systems.

Das Gegenstück zu diesem Weltbild ist die Betonung des Weichen und Weiblichen, des Wandels und des Vergehens. Das Weltbild der GROSSEN MUTTER orientiert sich am Leben, das von Gegensätze geprägt ist. In der germanischen Mythologie spiegelt sich das noch wieder, obgleich bereits die Akzentverschiebung hin zur Dominanz des Männlichen zu erkennen ist, die das Absolute anbetet. Aber die germanische Mythologie ist noch viel komplexer als das totalitäre Christentum, das nur sich gelten lässt, seine auf das rein Geistige fixierte Weltanschauung.

Ob sich daran noch etwas ändert?

Das ist die gleiche Frage wie bei dem Materialismus, der auf den absoluten Gewinn und die totale Ausbeutung und Ausnutzung der Natur setzt. Wird sich das noch wirklich und fundamental ändern? Moment sehe ich es nicht, trotz vielfältiger Ansätze überall auf der Erde. Die totale Macht der Milliardäre und multinationalen Konzerne müsste beendet werden. Beides zusammen, diese Macht und die Liebe der Natur, geht nicht.

Wer die Natur und Mutter Erde verehrt, ist heute ziemlich allein. Es interessiert die meisten nicht, oder sie belächeln und verachten einen, äußern ihren beißenden Spott, wenn man die Erde und den Schoß verehrt und auch der Tod seine Rolle spielt.

Im Kreislauf des Lebens kann es kein Absolutes geben, denn alles ist Wandel und Veränderung. Das sagt einem die ganze Natur. Auch die Steine sagen es einem, obgleich ihre Vergänglichkeit viel langsamer ist als die der einjährigen Pflanzen und Tiere. Letztendlich ist auch der Mensch, jedes menschliche Leben nur einjährig. Frühling, Sommer, Herbst und Winter.

14. Die Stimmen der toten Indianer

John Fire Lame Deer

Je älter Eberhard wurde, desto mehr dachte er an die Toten.

Die Lebenden hatten ihm nichts mehr zu sagen. Ihre Welt erschien ihm arm, armselig, ohne Seele. Er sprach mehr und lieber mit den Toten. Die Toten, die er einst als lebendige Menschen erlebt hatte, vor Jahren, vor Jahrzehnten, und weiter die Toten, die er nur durch ihre hinterlassenen Schriften kannte, ihre Botschaften aus einer anderen Zeit, denn auch die gegenwärtige Zeit erschien ihm armselig und besessen von vielen Dämonen, also bösen Geistern. Wohingegen die Verstorbenen wie gute Geister waren, so dachte Eberhard, gute und edle Geister.

Er hatte sich ein altes Taschenbuch aus seinem Bücherregal genommen, von einem John Fire Lame Deer, und Richard Erdoes, der die Lebensgeschichte von Lame Deer aufgeschrieben hatte, mittlerweile vor über fünfzig Jahren. Heute gibt es das Buch nicht mehr. Heute befasst sich auch niemand mehr mit dem Weltbild der Sioux und anderer Stämme. Einige Jahre war es ein populäres Thema gewesen, einige Jahre. Dann war es vorbei. Für Eberhard war es nicht vorbei gewesen.

„Für uns Indianer gibt es nur die Pfeife, den Erdboden, auf dem wir sitzen, und den offenen Himmel. Der Geist ist überall.- Manchmal zeigt er sich durch ein Lebewesen, in einem Vogel, einigen Bäumen oder in einem Hügel. Manchmal spricht er aus den Badlands, aus einem Stein oder sogar aus dem Wasser. Der Rauch aus der Pfeife steigt sogar geradewegs nach oben zur Welt der Geister (spirits). Es ist ein Auf und Ab. Kraft fließt durch den Rauch, durch das Pfeifenrohr zu uns herab. Du spürst diese Kraft, wenn du die Pfeife hältst, sie bewegt sich von der Pfeife gerade-

wegs in deinen Körper. Sie lässt deine Haare zu Berge stehen. Diese Pfeife ist kein gewöhnlicher Gegenstand, sie lebt.“ (S. 16)

Jeder Mensch hat zwei Großväter. Einen von Seiten der Mutter, einen von Seiten des Vaters. Außerdem haben viele Menschen spirituelle Großväter und Großmütter. *John Fire* war so eine Art von Großvater.

Einer von Eberhards Großvätern hieß Johann. Aber er wusste nicht viel von ihm, denn er war zu früh gestorben. Der andere war traumatisiert, vom ersten Weltkrieg, der ihm ein kaputtes Bein beschert hatte, und von der bösen Zeit danach, die für ihn keine glückliche gewesen war. Wenig oder keine Arbeit, armes Leben in einer kleinen Stadtwohnung in Berlin. Einen Sohn hatte er gezeugt. Den hatten die „braunen Schweine“ dann auch in einen sinnlosen Krieg geschickt.

Seit vielen Jahren besaß Eberhard eine Pfeife, aus Rosenholz, mit einem runden Kopf. Made in London. Also keine indianische Pfeife mit einem Kopf aus dem glatten, roten Stein Catlinite. Aber sie hatte ihn gerufen, damals, und seitdem befindet sie sich in seinem Rucksack auf all seinen Touren auf die hohen Berge und durch die dunklen Wälder.

Er verstand Lame Deer, denn er hatte es selbst erlebt.

Sein zweiter Großvater hieß Alfred. Der hatte eine Pfeife. Ein weiterer „Großvater“ hatte auch eine. Schon seltsam.

Das waren keine Indianer. Normale Deutsche. Aber irgendwie wussten sie um etwas. Konnten es nicht mitteilen, damals. Es teilte sich von selbst mit, in den Gesten, im Verhalten. Eberhard begriff das erst viele Jahre später, als er die oberflächliche Schulbildung, diese mentale Verbildung des Kopfes, diese sehr beschränkte kognitive Konditionierung hinter sich gelassen hatte.

Ob sein Großvater Johann eine Pfeife gehabt hatte? Er wusste es nicht. Seine Mutter war schon lange tot, so konnte er sie nicht fragen. Wie oft ihm so Dinge einfielen, die er gerne die Verstorbe-

74

nen gefragt hätte!

Wir kennen den Ausdruck „Friedenspfeife" von unserer Karl May Lektüre. Wird der Autor eigentlich heute noch gelesen? Es geht nicht um einen oberflächlichen Frieden, sondern um den Kontakt und die Verbundenheit mit den Geistern. Das englische Wort „spirits" ist vielleicht spiritueller als das deutsche. Auf jeden Fall geht es um den Kontakt zu einer höheren Dimension.

Mit welchem Gegenstand verbinden sich die modernen Stadtmenschen mit der Welt der Geister? Sie haben alle ihr Smartphone mit den tollen Apps, aber damit gelingt kein Kontakt zu den spirits. Alles bleibt irdisch. Es soll ja auch alles irdisch und materiell bleiben. Man will ja keine spirituelle Kultur und Gesellschaft haben, das ist der Punkt.

Die Suche nach einer Vision ist für die Indianer sehr wichtig. Zentral für die Entwicklung und für die Zukunft des Lebens. Vision Quest, so der englische Ausdruck. Nach einer Visionssuche weiß man, wer man ist und welche Aufgabe, welches Ziel man im Leben hat. Man bekommt einen neuen Namen, oder besser gesagt: den richtigen, den passenden. Eberhard hatte seinen Namen, vor allem den Nachnamen, immer als falsch empfunden. Das bin nicht ich, dachte er schon als Kind.

Johne Fire saß vier Tage allein auf einem Hügel in einer Grube. Hatte Visionen, Erscheinungen. Am Ende hatte er seinen Namen Lame Deer. Seine Aufgabe, sein Ziel, seinen Lebenstraum, auch wenn die Realisation und Umsetzung noch in weiter Ferne lagen.

Es geht auch nicht nur um eigene Vorstellungen, sondern darum, dass man Elemente der Gemeinschaft, des Stammes weiterführt. Die Weißen denken sehr individualistisch, sie denken schon lange nicht mehr im Sinne einer Gemeinschaft, eines gemeinsamen Kreises. Jeder ist allein. Indianer sind nie allein, wie Lame Deer öfter sagt. Eberhard hatte sich früh schon allein gefühlt, auch wenn da eine Mutter war, ein Vater, der Großvater väterlicherseits. Aber meist war da das Gefühl der Trennung.

Spätestens in der Pubertät fragen sich alle, wer sie sind, was sie wollen, wozu sie da sind. Im Westen gibt es keine Rituale dafür. Man überlässt die Jugendlichen sich selbst. Gibt keine gute Orientierung, hat keine Zeremonien, denkt nur, dass die Schule oder die Medien das schon machen würden. Aber die Schule kommt nur mit abstraktem Wissen und die Medien haben Interesse an dummen Konsumenten.

Eberhard hatte sich schon vor der Pubertät gefragt, wozu er auf die Erde gekommen war. Wozu kommen wir auf die Erde? Was sollen und wollen wir hier? Was ist meine Bestimmung, fragte er sich. Mit acht, mit sieben Jahren fragte er sich das schon. Eigentlich schon mit vier oder fünf Jahren. Von seinen Eltern erfuhr er nichts. Sie hatten keine Ahnung von Bestimmung, von karmischen

Aufgaben. Sie wollten nur einen lieben Jungen, der sich brav und artig verhielt. Sonst nichts.

Bei einer Vision geschehen ungewöhnliche Dinge. Begegnungen mit Tieren, realen und Geisterwesen, man hört Stimmen und verwendet selbst eine andere Sprache, uralte Wörter aus einer anderen Zeit.

„Mit einem mal war ich da oben bei den Vögeln".

Man verlässt seinen Körper.

Man verliert sein normales Zeitgefühl.

Man begegnet Verstorbenen, so Lame Deer.

Man fühlt seine Seele und die universelle Energie des Lebens.

„Wir Sioux glauben, dass etwas in uns ist, das uns kontrolliert, etwas, das fast eine zweite Person ist. Wir nennen es *nagi*, andere nennen es vielleicht Seele, Geist oder Wesen. Man kann es nicht sehen, fühlen oder schmecken, aber damals auf dem Hügel … wusste ich, dass es in mir war. <u>Dann fühlte ich, wie mich die KRAFT durchflutete.</u> Ich kann es nicht beschreiben, aber sie füllte mich ganz aus. Jetzt hatte ich Gewissheit. Ich würde ein *wiscan wakan* werden, ein Medizinmann." (S.21)

Bei den Indianern und anderen Naturvölkern waren diese Erlebnisse und Erfahrungen anerkannt. Man suchte sie mit besonderen Methoden. Mit dem Alleinsein in wilder Natur, dem Fasten, den Gesängen und Gebeten. In Südamerika mit der Einnahme von Drogen wie Ayahuasca. Aber da war immer der rituelle Kontext. Es waren Menschen mit Erfahrungen da, die helfen konnten, die erklären konnten, die wussten, was geschehen konnte.

Im Westen hatte man diese spirituellen Wege schon lange verlassen. Man kennt nur die Story von Jesus und den vierzig Tagen in der Wüste, aber das ist nur eine nette Story. Kaum einer lebt das.

Wenn man die Verbundenheit mit den Ahnen, mit den Spirits und der universellen Energie spürt, dann kann man das nicht in normale Wörter kleiden. Es genügt auch die Erfahrung. Man muss sie selbst machen. Jeder muss sie selbst machen. Die indianische Religion ist da ganz individuell. Jeder muss seine Vision, seinen Traum vom Leben finden. Allein auf einem Hügel. Ganz der Natur und den Elementen ausgesetzt.

*

Als Eberhard das erste Mal das Buch von Lame Deer las, war die ökologische Bewegung noch jung. Die Etablierten fühlten sich von ihr bedroht, wollte sie doch ihre Geldwirtschaft, ihre Gewinnwirtschaft mehr oder weniger abschaffen. Eine ökologische Wende hatte es damals nicht gegeben, auch später nicht mehr.

Als Übeltäter der modernen Welt machte Lame Deer das GELD aus. Es ging also nicht um die KRAFT, oder die universelle Energie des Lebens, oder Wakan Tanka, den Großen Geist, sondern um Geld, immer nur darum.

„Für den weißen Mann hat jeder Grashalm und jede Wasserquelle ein Preisschild." (S.50)

Besitz, Geld, Ausbeutung der Natur, Konsumkultur, Gewinnmaximierung ohne Ende, alles hängt zusammen. Im Negativen wie im Positiven. Für Eberhard war es ein negatives System, eines der Ausbeutung, der gnadenlosen Ausbeutung der Natur, von Mutter Erde. Er fühlte sich von den Indianern verstanden. Es gab damals kaum jemanden, der seine Weltsicht teilte.

Bis heute gibt es keine Wende, keine Umkehr.

Man will so weitermachen wie bisher, nur mit Elektrizität und Wasserstoff statt mit der Verbrennung von Öl.

Ein Grashalm hat keine Bedeutung.

Eine Wasserquelle hat keine Bedeutung.

Bedeutung gibt es nur, wenn man es zu Geld machen kann.

"Only after the last tree has been cut down,

Only after the last river has been poisoned,

Only after the last fish has been caught,

Then will you find that money cannot be eaten."

„Erst wenn der letzte Baum gerodet, der letzte
Fluss vergiftet, der letzte Fisch gefangen ist,
werdet ihr merken, dass man Geld nicht essen
kann."

Diese Weissagung der Cree war damals sehr populär. Sie stand auf vielen Aufklebern von Greenpeace. Aufkleber fürs Auto waren damals sehr populär. Atomkraft, nein Danke! Die offene und klare Mitteilung der ökologischen Gesinnung hat nicht viel ergeben. Es war eine Geste, nicht viel mehr. Wer einen praktischen Weg der Selbstversorgung und des einfachen, bescheidenen Lebens verfolgte, merkte schnell die Schwierigkeiten und Grenzen, gab den Weg wieder auf. Ein spirituelles Weltbild mit Mutter Erde entwickelten und lebten nur wenige.

Die damalige Zeit ist lange vergangen. Der Zeitgeist ebenso.

Der Zeitgeist, dass man von den Indianern etwas lernen wollte, einen anderen Weg als den materialistischen, den Konsumweg, ist völlig verschwunden. Nicht nur Menschen kommen und verschwinden wieder, auch Zeitgeister kommen mal und verschwinden dann wieder völlig.

Damals gab es viele Bücher aus dem Umkreis des indianischen Denkens. Das Meiste waren Übersetzungen aus dem Amerikanischen. Man machte also auch dieses Bedürfnis zu Geld. Heute findet man die Bücher antiquarisch, wenn überhaupt. Jetzt haben wir alternative Energien, und alles wird gut, jetzt haben wir Wasserstoff, und alles wird gut.

*

Im Kapitel „Der Kreis und das Viereck" findet sich der ganze Gegensatz zwischen dem indianischen und dem westlichen Denken.

„Wir Indianer leben in einer Welt von Symbolen und Bildern, in der das Geistige und Alltägliche sich vereinen. Für euch sind Symbole nur gesprochen oder in einem Buch niedergeschriebene Worte. Für uns sind sie Teil der Natur, Teil von uns selbst, die Erde, die Sonne, der Wind, der Regen, Steine, Blumen, Tiere, und wenn es so kleine Insekten sind wie die Ameisen oder Grashüpfer. Wir versuchen nicht, sie mit dem Kopf zu verstehen, dafür aber mit dem Herzen, und wir brauchen nur einen winzigen Hinweis, um ihre Bedeutung zu verstehen." (S.123; m.U.)

Was Lame Deer hier beschreibt ist das magische Denken. Gemeinhin gilt das technisch-rationale Denken im Westen als der Maßstab schlechthin. Schon mit den Gefühlen hat der Westen seine Probleme, wenn es z.B. um Hass und Fanatismus geht, aber auch abgrundtiefe Trauer, Melancholie und andere „negative" Stimmungen, die die Spaßgesellschaft stören. Im magischen Weltbild sind alle Dinge der Welt von Sinn und Bedeutung erfüllt, haben ihren je spezifischen Geist. Man könnte auch vom wilden Denken oder dem Traumzeitdenken sprechen. Begriffliche Zuordnung sind eine Sache des Verstandes, es geht hier jedoch um eine gänzlich andere Weltanschauung, die der Westen ablehnt und nicht will.

„Das elementare Symbol des indianischen Denkens ist der Kreis. Die Natur lässt die Schöpfungen rund sein. Die Körper von Menschen und Tieren haben keine Kanten. Für uns ist der Kreis die Einheit der Menschen, die zusammen um das Feuer sitzen, Verwandte und Freunde in Frieden vereint, während dessen die Pfeife von Hand zu Hand geht. Das Lager, in dem jedes Tipi auf seinem Platz stand, war in einem Ring geordnet. Und das Tipi war wiederum ein Ring, in dem die Leute im Kreis saßen und die Familien im Dorf waren nacheinander Kreise in einem größeren Kreis, der wiederum Teil eines noch weiteren Kreises war, der sieben Ratsfeuer der Sioux, die zusammen die Nation darstellten. Die Nation war wiederum nur Teil des Universums, das sich aus der Erde – rund, der Sonne – rund – und den Gestirnen – rund – zusammensetzt. Die Bahn der Planeten, der Horizonte, der Regenbogen – Kreise in Kreisen, die sich wieder innerhalb von Kreisen bewegen, ohne Anfang und ohne Ende.

Für uns ist das schön und passt, <u>Symbol und Realität gleichzeitig. Ausdruck der Harmonie von Leben und Natur. Unser Kreis ist zeitlos und fließend, neues Leben, das aus dem Tod entsteht, Leben, das über den Tod siegt.</u>

Das Symbol des weißen Mannes ist das Viereck. Viereckig ist sein Haus, viereckig sind seine Bürogebäude mit Mauern, die die Menschen voneinander trennen. Viereckig ist die Tür, die Freunde draußen hält, viereckig ist die Dollarnote, viereckig ist das Gefängnis. Viereckig ist der ganze technische Kram des weißen Mannes (Schachteln, Schachtel, Schachteln und noch mehr Schachteln). Fernsehapparate, Radios, Waschmaschinen, Computer, Autos. Sie haben Ecken und scharfe Kanten – Termine, die Zeit des weißen Mannes, mit Verabredungen, Uhren und Stoßzeiten – das bedeuten die Ecken und Kanten für mich. Du wirst ein Gefangener in all diesen Schachteln." (S.127; m.U.)

Vielen Weißen dürfte diese Zivilisationskritik nicht gefallen. Sie dürften sie als pauschal und zu gegensätzlich empfinden. Das ist nicht völlig falsch, aber es trifft nicht das Eigentliche, denn das sind die sehr unterschiedlichen Welthaltungen. Gegen die fließende Natur – und in und mit den Flüssen der Natur.

Damals, als dieses Denken im Westen mehr und mehr bekannt wurde, entschied sich Eberhard für dieses Denken, und damit logischerweise gegen das andere, das technisch-rationale, das mathematische, das digitale, das künstliche Denken.

Damals glaubten manche, man könne zurückkehren zum magischen Denken. Heute glaubt das vermutlich niemand mehr. Man ist längst gefangen im digitalen Zeitalter. Wie schon gesagt, der Zeitgeist ist verschwunden.

Aktuell ist die Welt in den Abgrund des aggressiven Wahns gefallen. Ob politisch, ideologisch, ökonomisch oder einfach nur in den Wahn der totalen Ansprüche und der menschlichen Hybris. Am Ende wird der Wahn sie vernichten, dachte Eberhard. Am Ende ist es eine Zerstörung der Natur, die wieder Neues schaffen will und wird.

Der Untergang ist Teil der Natur, ist Teil des Kreises.

Lame Deer erzählt viel über die Entfremdung von der Natur. Nicht er, der Indianer, sondern die Weißen sind von der Natur entfremdet, leben in ihrer eigenen künstlichen, sterilen, naturfernen Welt. Sie wollen es auch so.

In den vergangenen Jahrzehnten hat sich manches verändert, aber den absoluten Herrschaftsanspruch gibt der Mensch nicht auf. Im Gegenteil: Jetzt will er Natur schöpfen, jetzt will er der Schöpfer sein, jetzt will er alles in seinem Sinne umgestalten, natürlich klimaneutral, ökologisch, aber er, er will es gestalten. *Mach dir die Erde absolut untertan*, das ist sein Motto.

Lame Deer erzählt von natürlichen, wilden Tieren – und von den anderen, die von den Menschen gezüchtet und massenweise geschlachtet werden. Er beklagt, dass wilde Tiere wie der Kojote am Verschwinden sind.

„Die Tiere, die der Große Geist auf die Erde gesetzt hat, sie müssen gehen. Nur die von Menschen geschaffenen Tiere dürfen bleiben – so lange, bis sie zur Schlachtbank transportiert werden. (S.139) Erinnern wir uns: Das Buch erschien 1972 und 1976 ist Lame Deer gestorben.

Damals hatte er die Hoffnung, dass ein „Lichtmensch" kommen würde und dass sich dann vieles ändern würde. Damals hatten Menschen noch Hoffnung. Heute haben sie keine, denn es kam keine Wende, keine Umkehr, sondern die Entwicklung zum Untergang ging immer weiter.

Lame Deer beklagt die Zerstörung der indianischen Religion, die eine Religion der Natur gewesen war. In einer künstlichen Umwelt kann diese Art von spiritueller Welthaltung nicht existieren. Sie ist auf eine wilde Natur angewiesen. Ohne diese verschwindet sie mit den Tieren und den Pflanzen. Obgleich sie vom amerikanischen Staat vorher sogar verboten gewesen war. Die Schwitzhütte war verboten. Der Sonnentanz war verboten. Die magischen Gegenstände wurden gestohlen oder zerstört. Erst 1970 wurde das Verbot aufgehoben.

Die USA haben sich immer eingebildet, sie wären ein freies Land. Sie bilden es sich immer noch ein. Sie waren kein freies Land, sie sind keines! Allein die Vertreibung und Vernichtung der indigenen Völker sagt schon alles.

Lame Deers positive Botschaft besteht darin, mit den Tieren zu kommunizieren. Die wilden Tiere nicht nur nett und hübsch zu finden, sondern mit ihnen auf einer tiefen seelischen Ebene auf non-verbale Weise zu kommunizieren, sozusagen über direkte instinktive, intuitive Kanäle.

„Du musst all diesen Kreaturen zuhören, zuhören mit Kopf und Herz." (S.153)

Lame Deer hat keine Begriffe für diese Art der Kommunikation, aber er lebt sie, er erzählt aus seinen eigenen Erfahrungen heraus. Das ganze Buch ist ein Erfahrungsbuch. Die Wesen der Natur sind seine Freunde. Er ist mit ihnen innerlich, seelisch verbunden.

„Alle Natur ist in mir, und ein Stück von mir ist in jedem Teil der Natur." (S.155)

Seit Jahrtausenden wird alles und jedes vermarktet, also zu Geld gemacht. Seit Jahrtausenden zählt vor allem das Profitprinzip, und eben nicht das Prinzip des Teilens.

Auf der Suche nach Fotos von Lame Deer fiel Eberhard wieder auf, wieder einmal, dass viele Fotos sich im Besitz von Organisationen befinden, dass man also für die Verwendung eine Lizenz braucht. Vieles ist nicht *gemeinfrei*, wie man es so nennt. Vor Jahren suchte er nach einem Foto von Hermann Hesse, das *gemeinfrei* war. Es gab oder gibt eines, alles andere befindet sich im Besitz der Erben bzw. eines Verlages.

Aber es stellt sich ohnehin die Frage, ob ein Foto das Wesen und die Seele eines Menschen ausdrückt oder nicht. Vielleicht ist eine Zeichnung sowieso besser.

Es gibt von jedem Menschen unendlich viele Bilder, ob nun fotografiert oder nicht. Aber Ende verschwinden sie ohnehin alle! Es bleibt nichts! Es sind alles nur Stationen auf einem Durchgang! Teile eines Flusses!

Es störte Eberhard, dass die besten Fotos von Lame Deer im Besitz von „Getty Images" sind. Die haben sich alles unter ihren Nagel gerissen, dachte er. Sie wollen die Bilderwelt beherrschen, kontrollieren, vermarkten, dachte er. Ob es so stimmt, wusste er nicht. Er hatte auch keine Lust, genauer zu recherchieren. Er blieb bei seinem Urteil, dass sie alles immer zu Geld machen wollen.

Im Grunde haben sie das Buch seiner Zeit auch nur publiziert, um damit Geld zu machen, denn am indianischen Denken und Leben und an der indianischen Spiritualität hat man kein Interesse, damals nicht, und heute auch nicht.

Für viele sind Zeichnungen im Verhältnis zu den modernen Digitalfotos unvollkommen. Aber die Leute haben einen falschen Blick, denn die Fotos drücken keine Gefühle aus, keine Sensibilität, keinen Spirit. Die Zeichnungen jedoch sehr wohl, und deshalb sind sie besser als die Digitalfotos, bei denen es nur um technische Perfektion geht, nicht um gelebte Spiritualität.

Auch die einfachen, elementaren Symbole der Indianer drücken einen bestimmten Spirit aus, wie das auf der Zeichnung.

Im Kapitel „Medizin – gute und schlechte" berichte Lame Deer von sehr unterschiedlichen Medizinmännern. Von Frauen spricht er seltsamerweise nicht, aber vielleicht liegt das an der Übersetzung? Kann natürlich auch sein, dass die Sioux eher male-dominated waren. Da ich das nicht beurteilen kann, gehe ich davon aus, dass beide Geschlechter gemeint waren und sind. Heutzutage macht ohnehin nur das Sinn. Wie bei den Indianern, so gibt es auch bei uns eine Palette von Menschen, die für „Heilung" im weitesten Sinn zuständig sind.

Der wahre Heilige, wichasha wakan, ist für Lame Deer ein Mensch, der für sich sein will, der sich nicht im Alltag aufreiben will, von tausend Dingen, sondern der sich ganz seinem Verhältnis zur Natur und dem universellen Geist widmen will.

„Er will meditieren, will sich gegen einen Baum oder einen Felsen lehnen, will die Bewegungen der Erde unter sich spüren. Auf diese Weise kann er Dinge herausfinden und Fragen beantworten. Indem er die Augen schließt, sieht er viele Dinge klarer." (S.176)

Ein Naturmystiker, wenn man so will. Der westliche Mensch erforscht heute alles mehr oder weniger in einem Labor mit vielen Geräten. Der indianische Weg war es und ist es, hinaus in die wilde Natur zu gehen und den direkten, unmittelbaren Kontakt zu suchen. Im Wald, an einem Fluss oder auf einem Berggipfel. In heutiger Zeit, wo es um das Energieproblem geht, um regenerative Energie, wird einem das nicht viel helfen, das ist klar. Aber am Ende ist und bleibt der Mensch doch ein von der Natur geschaffenes Wesen und er muss sich in den Kreislauf des Lebens integrieren.

Der indianische Heilige sucht einen intensiven Kontakt zu und Austausch mit der ganzen Natur, allen Pflanzen, allen Tieren, allen Erscheinungen. Er möchte das ganze Gewebe des Lebens konkret spüren und erfahren. Er möchte alles erfassen, was um ihn herum geschieht.

Man kann die Erklärungen von Lame Deer leicht überlesen, besonders dann, wenn man Spektakuläres erwartet. Oft wurde und wird es auch belächelt, den Kontakt zur Natur suchen. Im Westen sind Labor und Experimente der Maßstab.

Das Gotteskonzept der Indianer ist ein anderes, weil das Göttliche und das Irdische, die Erde eine Einheit bilden. Die Natur ist alles und außerhalb von ihr gibt es nichts. Alles ist Natur. Oft ist von „Mutter Erde" die Rede. Das Konzept vom Großen Geist scheint mir allerdings zu männlich zu sein. Ob das so war, kann ich nicht beurteilen.

„Der Große Geist will, das die Menschen verschieden sind. ..... Der Große Geist ist einer und gleichzeitig viele." (S.177)

Ich deute Lame Deers Ausführungen so, dass er möchte, dass wir die ganze Natur würdigen und achten, alle Pflanzen, alle Lebewesen, und alles, was im Westen als mehr oder weniger unbelebt gilt. Das westliche Konzept eines männlichen Schöpfergottes scheint mir auch auf die Indianer abgefärbt zu haben, durch die Missionierungen. Der genaue Ablauf der Geschichte muss uns nicht interessieren. Falls es so sein sollte, dass die Sioux ziemlich male-dominated waren, dann ist das sicher aus der Sicht moderner Gleichberechtigung abzulehnen.

Der zentrale Impuls in den siebziger Jahren war sicher der, die ganze Natur achtsam zu behandeln. Wie sehr das damals und bis heute angekommen ist, zeigt uns nicht zuletzt die Klimakatastrophe, die man durchaus hätte verhindern können, wenn man vor 50 Jahren auf die Botschaften gehört und einen anderen Weg eingeschlagen hätte.

Hat man jedoch nicht, weil man absolut besessen ist von einem anderen Geist, der sich die Erde untertan machen will, der sie in seinem Sinne umgestalten und benutzen will, und nur in seinem Sinne.

Heute müsste man sich von den bösen Geister und der Besessenheit befreien, eine Reduktion von Technologie vornehmen und ein mehr einfaches Leben anstreben. Ein „indianisches Leben" scheint mir jedoch keine realistische Option zu sein, höchstens für eine kleine Minderheit.

Echt sein, ehrlich sein, authentisch sein. Darauf legte Lame Deer großen Wert. Einen eindeutigen, klaren Weg zu gehen. Ohne Lügen und ohne Betrügereien. Ohne Geschäfte.

Eberhard hatte es schon immer gestört, wie viel Heuchelei und Unehrlichkeit es so gibt. Sowohl im Privaten als auch im Politischen.

Lame Deer schreibt von einer Kirche, die sie wie ein Tipi gebaut hatten. Dort hängen das Kreuz und die Pfeife nebeneinander. Für ihn passt das nicht zusammen. Das Christliche ist ein anderer Weg als der Weg der Pfeife. Es gibt für Traditionalisten keine Synthese, wobei am Ende für die kirchlichen Organisationen ihre Sicht doch mehr zählt als die Pfeife. Von Gleichwertigkeit kann keine Rede sein, aber man tut so, als würde man das Indianische anerkennen. Im Grunde ist für die Weißen die Naturreligion minderwertig, ein überholter Weg aus der Frühzeit der menschlichen Geschichte, ihre „göttliche Offenbarung" hingegen ist die einzig richtig Religion.

Echt, ehrlich und authentisch.

Eberhard wusste nicht, wie die aktuelle Situation in den Reservaten ist. Vermutlich ist sie nach wie vor gespalten. Einerseits christlich beeinflusste Indianer – andererseits Traditionalisten, die sich ganz auf die alten Wege konzentrieren wollen, wobei das in der modernen, exzessiven Konsumgesellschaft, in der schrillen Mediengesellschaft und vor allem in der aggressiven Business-Welt schwierig ist. Business ist immer Lug und Trug. Der eine gewinnt, der andere verliert. Der eine betrügt und der andere wird betrogen. Fairness und das gemeinsame Teilen wären etwas ganz anderes. Wenn sich einige für besser und wertvoller halten, kann es nie eine richtige Gemeinschaft geben.

Eine echte, richtige Gemeinschaft war ein zentraler indianischer Wert. (Übrigens auch der von Jesus, aber die Machtkirche hatte das verraten.) Ob der immer und überall wirklich gelebt wurde, da hatte Eberhard seine Zweifel. Aber den Wert an sich hielt er für richtig. In Seminaren, die er besucht hatte, war oft vom Kreis und der Gemeinschaft die Rede, aber am Ende zählte vor allem der *leader* und seine dominante Rolle, und bezahlt werden musste das Seminar auch, das war ja klar.

Lame Deer plädiert in seinem Buch für den einfachen, bescheidenen Medizinmann, wichasha wakan. Im Westen wurde der Begriff „Schamane" später nach seinem Tod sehr populär. Das bescheidene, einfache Auftreten wurde nicht so populär, sondern eher die Show und das Geschäft. Viele wollten daraus ein *business* machen. Da es nicht genug Klienten gab, verlegte man sich auf Ausbildungsseminare.

Heute, nach Jahrzehnten, dachte Eberhard, dass sie alles verdorben hatten. Die Pseudogemeinschaften hatten ihn schon vor vielen Jahren abgestoßen. So konnte keine neue Naturreligion entstehen.

Andere Autoren, die Eberhard studiert hatte, waren: Black Elk (1863 – 1950), Sun Bear (1929 – 1992) und Bear Heart (1918 – 2009).

Indian Spirit

Was ist der Indian Spirit?

Was ist der Geist der Weißen? Machtdenken, Gier, Gewinne machen, immer weiter Gewinne machen, niemals zufrieden sein können und wollen. *„Gimme, gimme, gimme,"* sagte Lame Deer. Paranoia. So kann und wird niemals Frieden entstehen, von dem man nur redet, immer nur redet und redet. Man hat ihn nicht selbst, nicht im Kopf, schon gar nicht im Herzen. Man ist total fixiert auf Aktion, immer eine wilde Aktion, in jedem Bereich des Lebens. *Action, action, action.*

Und der Indian Spirit?

Lebe in und mit der Natur.
Sei so bescheiden wie möglich.
Habe keine großen Ansprüche an das Leben.
Sei nur ein Teil der Natur. Lebe eng am Herzen der Natur.
Suche immer den Kontakt zum Spirit.

Die Collage wurde vor vielen Jahrzehnten durch **Robert Rauschenberg** angeregt, dessen Werke durchaus indianische Elemente enthält – wie überhaupt die Pop-Art einiger Künstler in den USA. Ob das erkannt wurde, weiß ich nicht. Viele Kunstkritiker mögen nur die formalen Elemente sehen, aber keine spirituelle Aussage.

Floyd „Red Crow" Westerman

Vor mehr als vierzig Jahren hatte Eberhard eine LP von Floyd Westerman gefunden. Sie war bereits in den siebziger Jahren erschienen. „Custer died for you sins". Sie enthält eine Reihe von guten Protestsongs, die sich gegen die Amerikanische rücksichtslose und perfide Eroberungspolitik gegenüber den Indianern richtet, gesungen im Countrystil, im Stil von Johnny Cash, der 1964 eine LP mit dem Titel „Bitter Tears" herausgebracht hatte.

In seinem Unterricht hatte er über die Jahre immer mal Liedtexte behandelt. Das Interesse hielt sich in Grenzen. Schicksal und Leiden der Indianer waren kein aufregendes Thema für die Wohlstandskinder. Der Genozid war kein Thema. Ist es im Grunde bis heute nicht.

Like an ever circling vulture
You descend upon your prey
Then you pick the soul to pieces
And you watch as it decays

Cause religion is big business
As your bank accounts will show
And Christ died to save all mankind
But that was long ago

Missionaries missionaries
Go and leave us all alone
Take your white God to your white man
We've a God of our own

Die Missionierung war so falsch wie die ökonomische und militärische Eroberung. Es war der Versuch einer spirituellen Eroberung.

Floyd Westerman lebte von 1936 bis 2007.

Was ist von seinem Leben geblieben, von seinen musikalischen Botschaften? Wird er noch gehört, werden seine Protestsongs noch gehört. Es scheint mir alles vergessen und untergegangen, dachte Eberhard. Aber er wusste nicht, ob es so war oder nicht.

Eberhard dachte wieder an seine Großväter, die keine richtigen waren, weil sie ihm keine Botschaften fürs Leben vermitteln konnten. Wohin sollte die Reise des Lebens gehen? Wo lag der Sinn? Wo konnte man die Erfüllung oder die Erleuchtung finden? Wo? Sie hatten selbst nichts und deshalb konnten sie auch nichts vermitteln.

Wenn er heute das Gesicht von Red Crow betrachtete, konnte er ihn viel eher als Großvater ansehen. Woran lag das?

Er kam aus einer anderen Welt, in der es eine gänzlich andere Weltanschauung gab und gibt. Die NATUR hatte einen viel höheren Stellenwert. Auf der Grundlage ihrer Weltanschauung konnten die Indianer die westliche Überzivilisation kritisieren, denn sie erkannten, wohin diese am Ende führen würde, in eine künstliche Welt, und letztendlich in den Untergang.

Das konnte Eberhard von Anfang an teilen. Schon in seiner Jugend, als er Bücher über die Indianer las. Für ihn hatte die Natur schon immer einen anderen Stellenwert, war schon immer *sacred*. Schon immer spürte er die *spirits*, auch wenn er keinen Namen für sie hatte. Er spürte sie im Wald, am Meer und in den magischen Bergen.

Somit ist es kein Wunder, dass er in Red Crow mehr einen Großvater sah als in Alfred oder Johann, die einfache, normale Männer waren.

Ihm fiel auf, dass sein Name aus zwei Teilen bestand „Eber"

und „hard". Der erste Teil war das Krafttier, der zweite der Charakter des Krafttieres. Indianer lebten in engem Kontakt zu bestimmten Tiere, die sie „power animals" nannten, zu Tieren mit einer besonderen Kraft und Energie.

Wofür stand der Eber? Gab es ihn in der germanischen Mythologie, also in den uralten Geschichten des germanischen Volkes? Man hatte ihm und allen Kindern keine Geschichten erzählt. Ein wenig die Märchen, sicher, aber sonst? Fremde *stories* von einem fremden Volk. „*Big business*", davon sang Red Crow. Alle Geschäfte basieren auf Betrug, dachte Eberhard. Einer gewinnt – und viele verlieren. Es geht nicht um Teilen, es geht nicht um die Gemeinschaft, es geht nicht um den Stamm.

Ein indianischer Großvater hätte ihm alles erklären können. Vor allem die positive Seite, von der Gemeinschaft mit den Steinen, den Tieren und Pflanzen.

Was von mir geblieben ist, willst du wissen?

Eine Schwingung im Universum.

Meine Lieder kannst du auf Youtube hören, wenn du willst, aber du kannst auch auf einen Hügel steigen und dem Wind lauschen. Er trägt meine Stimme um die Erde. Vom indianischen Leben und Denken, von der Heiligkeit der Erde. Vom falschen Reden der Weißen, von ihrem brutalen Handeln. Aber höre besser auf das Gras und den Wind in den Bäumen. Höre auf den Fluss, wenn du an einem sitzt. Höre auf den Gesang der Vögel in den Büschen.

Ich hatte eine gute Botschaft für die Menschen, aber wie sang ich? They didn't listen. Sie konnten und wollten nie zuhören. Das ist ihr Problem. Sie hören nicht auf die Stimmen der Natur.

Meine Proteste haben nicht viel ergeben. Unsere nicht. Alle Proteste aller Indigenen nicht, weil es keine wirkliche Demokratie ist, weil sie auf kleine Völker wie uns nicht hören, nicht hören wollen. Wir stören nur ihr big business. Darum geht es ihnen, ihr big business. Es geht ihnen nicht um andere Menschen mit einer anderen Weltanschauung. Ihre Diktatur kaschieren sie hinter einer scheinbar demokratischen Fassade.

Ihr redet von Naturschutz, von Klimaschutz, aber im Grunde wollt ihr nur euren falschen Lebensstil schützen und euer Geschäftsmodell.

Proteste können nichts erreichen, wenn kein Herz da ist. Wenn euer Herz nur eine Pumpe ist.

Es ist keine Liebe für den Adler oder für die Maus in euch. Es ist keine Liebe für ein freies, leeres Land in euch. Wer das Land liebt, der lässt es so, der lässt es in Ruhe. Mutter Erde möchte, dass ihre Welt in Ruhe gelassen wird.

Meine Stimme wird bleiben. Du kannst sie überall vernehmen, wenn dein Herz offen ist. Meine Songs können dir zeigen, wo du stehst, ob du zu uns gehörst – oder eben nicht.

Lausche dem Gesang der Vögel im Himmel. Oder, wenn du Hühner hast, dann höre ihnen mal zu. Das mag dir idiotisch vorkommen, wenn du nur zu Kentucky Fried Chicken gehst. Klar, dann ist das idiotisch, denn du willst ja nur dein chicken.

Schweine und Hühner stehen ganz unten bei euch. Nur Fleisch, keine fühlenden Wesen. Aber sie sind fühlende Wesen, wenn du ein Herz hast, wenn du noch ein freier Geist bist und nicht nur einen Chip im Kopf hast.

Meine Stimme wird bleiben.

Jeder Mensch war einmal jung und voller Energie. Die körper-liche Energie verringert sich im Alter, mehr und mehr. Aber die Seele und der Geist behalten ihre Energie. In einem gewissen Sinn bleiben sie immer jung. Das ist der tragische Gegensatz im Leben eines jeden Menschen. Das ist so und damit muss man leben.

Falsch ist es immer mehr zu wollen, mehr und mehr Dinge, mehr und mehr Geld, denn das bringt keine Jugend zurück und es hält den Kreislauf nicht auf. Halte deine Seele und deinen Geist jung durch das Gebet an Mutter Erde und den weiten Himmel. Verbinde dich mit dem kreativen Spirit des Universums.

Wir denken in unserem Leben oft an die „ancestors", die Vor-fahren, an die vielen Menschen, die vor uns hier waren, ohne die wir nicht hier wären. Das mag euch unsinnig vorkommen. Ihr denkt nicht an die Vorfahren. Sie waren nicht so schlau wie ihr. An die Zukünftigen denkt ihr auch nicht.

Wer an die „ancestors" denkt, der will es richtig machen, sich an die heiligen Gesetze halten, sich gut und edel verhalten. Wer an die Zukünftigen denkt, will den Enkeln eine gute Welt hinter-lassen, keinen Müllhaufen, keine verdorbene Welt.

Ihr denkt immer nur an euch.

Wir finden das überheblich und blind für die Wahrheit. Die Ket-te des Lebens kommt aus der Vergangenheit und geht in die Zu-kunft. Jeder hat Vorfahren und Zukünftige. Wenn man das Leben hüten will, muss man an beides denken.

Wir Gestorbenen schauen zu, was ihr so macht, was ihr lebt, wie ihr das Land behandelt, die Erde. Wir schauen, ob ihr acht-sam seid oder nicht.

Es macht uns traurig, wenn wir sehen, was aus der Erde ge-worden ist.

Eure Gier beherrscht euch völlig. Ihr seid nur Marionetten, kei-ne Menschen mehr. Wir Seelen im Jenseits können nichts tun, wir können nicht handeln. Wir senden nur leise Botschaften, die in eu-

rem Lärm meist untergehen. Den Lebenden habt ihr nicht zuge-
hört, den Toten wollt ihr erst recht nicht zuhören. Dafür müsstet
ihr mal still sein, innehalten, lauschen.

„They didn't listen"

So lautet ein Lied von Flyod Westerman. Sie haben nicht zugehört. Ich habe mich schon oft gefragt, warum sie nicht zugehört
haben. Schon vor Jahrzehnten.

Gut, sie haben die Indianer für Untermenschen gehalten, machen wir uns nichts vor. Genau das haben sie, die Amerikaner und
alle anderen ebenso. Untermenschen. In Russland, in China, in
Brasilien. Die Indigenen waren – und sind – nur die Untermenschen. Warum sollte man auf Untermenschen hören? Was verstehen Untermenschen von Zivilisation, von Technik?

Sie sprechen mit den Geistern, glauben an die Geister des Waldes oder an den heiligen Büffel. Alles lächerlich, so dachte und
und denkt der westliche Mensch, und China und ganz Asien denkt
inzwischen auch so. Sie glauben an die Geister der Technologie,
denen sie sich verschrieben haben. Sogar in Indien, das mal als ein
angeblich so spirituelles Land galt, oder Japan, das man auch mal
für so spirituell gehalten hatte, oder China, wo es einen Lao Tse
gab, ein I Ging, aber China war vom ersten Kaiser schon machtbe-
sessen und absolut totalitär. Lao Tse war nur eine Ausnahme, so
wie Meister Eckhart bei uns eine Ausnahme war.

Der Westen war stolz auf seine Wissenschaftler. Ist es immer
noch. Harald Lesch, der TV-Schwärmer von den großen Erkenntnissen und dem Rationalismus. Aber auf die Wissenschaftler hört
auch keiner. Für die Wirtschaft gibt es keine Grenzen des Wachs-
tums. Da gibt es keine Grenzen für Windkraftanlagen, für Auto-
bahnen, für Autos, für Migranten, da gibt es nur den Exzess, das
grenzenlose Wachstum, das am Ende nur eine ausufernde Wuche-
rung ist, ein Krebsgeschwür und sonst nichts. Der Krebs zerfrisst
alles und tötet das Leben.

Die Zeit der **Protestsongs** Anfang der Siebziger Jahre ist fünfzig Jahre her. Der folgende Song von Floyd Westermann behandelt typische Themen. Die Vertragsbrüche. Die Ermordung von
Führungspersönlichkeiten der Indianer. Das gestohlene Land. Die
Freiheit, die nur in der Verfassung steht, aber nicht für die Indianer galt und gilt. Die ganze indianische Welt und Weltanschauug,
die zerstört werden sollte. Zum Glück ist das nicht völlig gelun-
gen, wenn auch sehr vieles zerstört wurde. Damals (Wounded
Knee, 1973) glaubte man an eine neue, bessere Zeit.

Custer Died for Your Sins

for the lies that were spoken
for the blood that we have spilled
for the treaties that were broken
for the leaders you have stilled

Custer died for yours sins
now a new day must begin

for the tribe you terminated
for the myths you keep alive
for the land you confiscated
for a freedom you deprived

for the truths that you pollute
for the life that you have cost
for the good you prostitute
and for all that we have lost

There are Drums

Ein intensives, starkes Protestlied ist: There are drums. Es wurde von Johnny Cash gesungen, Komponist und Texter: P. La Farge, und befindet sich auf seiner LP „Bitter Tears". Später hat es auch Floyd Westerman gesungen.

Es drückt die gemeine Umerziehungspolitik der USA aus, die aus den Indianern „Weiße" machen wollte. Das hat sehr viel Leid verursacht, weil die indianischen Kinder in weit entfernte Schulen gesperrt wurden.

Der amerikanische Country Sänger Johnny Cash drückt in seinen Liedern das indianische Leid aus.

Bei dem Gesang von Floyd Westermann spürt man allerdings, dass er diese Erfahrungen selbst gemacht hat.

From the Indian reservation to the governmental school
Well they're goin' to educate me to the white men's Golden Rule
And I'm learning very quickly for I've learned to be ashamed
And I come when they call Billy though I've got an Indian name
And there are drums beyond the mountain Indian drums that you can't hear There are drums beyond the mountain and they're getting mighty near
And when they thought that they'd changed me cut my hair to meet their needs
Will they think I'm white or Indian quarter blood or just half breed
Let me tell you Mr teacher when you say you'll make me right
In five hundred years of fighting not one Indian turned white
And there are drums...
Well you thought that I knew nothing when you brought me here to school
Just another empty Indian just America's first fool

101

But now I can tell you stories that are burnt and dried and old
But in the shadow of their telling walks the thunder proud and
bold
And there are drums...
Long Pine and Sequoia Handsome Lake and Sitting Bull
There's Magnus Colorado with his sleeves so red and full
Crazy Horse the legend those who bit off Custer's soul
They are dead yet they are living with the great Geronimo
And there are drums...
Well you may teach me this land's hist'ry but we taught it to you
first
We broke your hearts and bent your journeys broken treaties left
us cursed
Even now you have to cheat us even though you think us tame
In our losing we found proudness in your winning you found sha-
me
And there are drums...

Wie es am Ende heißt, haben die Indianer Stolz auf ihre Herkunft und ihre Kultur gefunden, trotz aller Traumatisierungen. Die
Weißen hingegen müssten sich schämen und ihr Verbrechen einse-
hen.

A World Without Tomorrow

Ein prophetischer Song über die totale Zerstörung der Um-
Welt, die aber die ganze Welt der Natur ist. Im ganzheitlichen System der Indigenen gibt es keine „Umwelt". Der Begriff drückt bereits die Distanz zur Natur aus.

A World without Tomorrow

And the rivers and the Oceans
And the streams our muddy ground
And the red and orange sunsets turn to grey
And the sunlight gets dimmer as a haze falls all around
And the green and yellow hills have turn to clay

In a world without tomorrow
In a world that cannot last
In a world without tomorrow
My friend that day, is on it's way
My friend that day is coming fast!

And the trees are dead and barren
And the grass has turned to stone
And only man has caused it all
A victim of his greed and profit
Now he stands all alone
Waiting to be the last one to fall

And the flowers they are dying
As the black rain takes its toll
And all the fish are turning grey and pale
And the blue and purple mountains
Look like a pile of coal
And the atmosphere is getting thick and stale

Teil eines Ölgemäldes (70x140 cm); rechts fliegt ein Adler

Protestsongs bringen nicht viel, denn sie sprechen nur Menschen wirklich an, die längst den roten Pfad gehen, also den indianischen Weg. Wer nur sympathisiert, ändert meist nichts in seinem Leben. Vielleicht spendet er ein wenig Geld, wogegen nichts zu sagen ist, aber das verändert nicht die Welt.

Auch das Schreiben von Büchern hat sich als erfolglos erwiesen. Wer verändert sich und sein Leben durch ein Buch? Jeder kann sich selbst fragen: Welches Buch hat mich verändert?

Eure Gesellschaft ist auf Konsum programmiert. So konsumiert ihr am Ende auch nur Protestsongs, Bücher oder Dokumentationsfilme.

***Dances with Wolves**, Der mit dem Wolf tanzt – ich spielte in dem Film eine Rolle. Aber der Film hat so wenig verändert wie alles andere auch. Am Ende war es nur eine weitere nette Hollywood-Story und nichts weiter. Chief Ten Bears. Eine nette kleine Rolle. Mein Outfit war super, einfach klasse. Da sind die Filmemacher perfekt und sehr professionell. Das Outfit muss stimmen und ein edles Bild ergeben.*

Aber ist das der indianische Spirit?
Ist das unsere Welt?

Stellt der Film wirklich unsere Weltsicht dar – oder wird damit nur gespielt? Ist der Film eine „schamanistische Allegorie" von Tod und Wiedergeburt, wie manche meinen?

Vielleicht hat ja der eine oder andere zur indianischen Weltanschauung durch den Film gefunden, ich weiß es nicht.

Schau dir den Film noch mal an und entscheide selbst.

Wie ich sehe, machen heute viele ihre Filme selbst. Zu meinen Lebzeiten gab es das nicht. Ich weiß nicht, ob das gut ist. Vermut-

lich brauchen sie das in einer übervollen Welt. Aber sie füllen damit die Welt immer weiter und weiter. Gigantische Rechenzentren. Unendliches Filmmaterial wird da gespeichert. Wozu soll das am Ende dienen?

Filme schauen. Filme machen. Während meines Leben begann das und wurde immer weiter ausgedehnt. Am Ende meines Lebens gab es das neue Internet. Inzwischen ist das viel, viel mehr geworden, wie ich aus meiner Seelenwelt, in der ich jetzt bin, sehen kann.

Wir gingen einfach in die Natur.
Wir stiegen auf einen der besonderen Berg wie den Bear Butte.
Wir gingen in einen Wald und besuchten die alten Bäume.

Wer hat das getan, nachdem er den Film „Dances with Wolves" gesehen hatte? Vielleicht gingen die meisten in eine Bar und redeten nur dies und das, allgemeines Zeug, ein bisschen über uns, die Indianer, aber alles war lange vorbei, die alte Welt kam nicht zurück. Hollywood ist eine Scheinwelt. Hollywood ist eine künstliche Welt. Der Film war nur ein Blick in die Vergangenheit. Ich glaube, die Menschen wollen keine natürliche Welt mehr, sie wollen eine künstliche Welt, eine Unterhaltungswelt. Entertainment ist ihre Variation von Eternity. Das ist ihre Vorstellung von Ewigkeit. Eine künstliche Ewigkeit, in der man sich wohl fühlen kann, weil man rundum und rund um die Uhr versorgt wird. Ein Schlaraffenland.

The warning ancestors? Freie Nachgestaltung, Fremont.

Koyaanisqatsi. *Ein Film, der nur aus Bilderketten bestand, untermalt mit der Musik von Philipp Glass. „Out of balance" heißt das Hopi Wort. Leben aus dem Gleichgewicht. Es geht um die Zivilisation, die sich am Ende selbst zerstört, weil sie keine richtige Grundlage hatte, sondern einem Phantom nachjagte, dem Phantom vom ewigen Wachstum und Konsum. Als der Film erschien, war ich ca. fünfzig Jahre alt.*

Wollte der Film das Falsche bannen, die dunklen Gesänge am Anfang deuten darauf hin?

Wollte er warnen, aufrütteln, zu einer Wende aufrufen?

Der Film ist ein Albtraum, so wie „Dances with Wolves" der romantische Traum von einer verlorenen Welt ist. Die alte Welt ist für immer verloren. Da müsste man schon riesige Reservate einrichten, für andere Lebensweisen, die nichts mit der modernen, künstlichen Welt zu tun haben, doch das wird nicht geschehen.

Wie ich höre, wollen sie jetzt klimaneutral und ökologisch werden. Das klingt gut, aber wollen sie mit MUTTER ERDE leben, wollen sie es ihr überlassen? Nein, sie wollen weiter alles in ihrem Sinne gestalten, und weiter nutzen und ausnutzen, immer alles in ihrem Sinne, und nicht im Sinne von MUTTER ERDE. So wird das nichts. So ist es nur ein weiterer falscher Weg der Weißen. Ein weiterer Wahn. Jetzt ein technologischer, digitalisierter.

Wir verstorbenen Indianer verstehen nicht, wie man ohne die Bindung an MUTTER ERDE leben kann.

Aber ihr wollt ja zum Mars. Ihr wollt ja ins Weltall expandieren. Abgesehen davon, dass wir das nicht konnten, in keiner Weise, wir wollten es auch nicht. Wer MUTTER ERDE liebt, der bleibt ihr treu, der bleibt bei ihr und begnügt sich mit dem einfachen Leben.

Freie Nachgestaltung, Fremont Culture.

Unsere Kunst war immer archaisch, immer symbolisch. Die Felszeichnungen entstanden draußen, an einer besonderen Felswand. Die Kunst diente nicht der Dekoration, sondern stand in einem rituellen Kontext.

Das Ritual war das Entscheidende. Die schamanischen Rituale

109

in der Natur waren uns wichtig. Die Beschwörungen von Kräften, von Energien.

Hinter meinen Songs, meinen Protestliedern, steht die Beschwörung des indianischen Geistes, der Ur-Kraft unseres Volkes, das ihr versucht habt auszurotten. Ihr wolltet, dass wir von der Erde verschwinden.

Aber wir sind noch da. Unsere uralten Felszeichnungen sind noch da. Man kann sie besuchen. Für mich stellt sich nur die Frage: Was könnt ihr mit ihnen anfangen? Erkennt ihr unsere Art der Religion? Respektiert ihr sie? Oder findet ihr nur alles exotisch, ein bisschen crazy oder was auch immer? Was bewirkt es bei euch? Wollt ihr, dass es etwas bewirkt.

You didn't listen, das habe ich gesungen. Ich hätte auch singen können: You didn't learn. Wollt ihr überhaupt etwas lernen?

15. Reise ins Land der Indianer

Eine der Toten, an die Eberhard öfter dachte, war Brunhild, mit der er vor vielen Jahren in den Südwesten der USA gefahren war. Sie ist inzwischen verstorben. Er fragte sich, ob ihre Seele bei den Indianern ist, irgendwo dort bei Santa Fee oder im Land der Hopi?

Jeder kennt vermutlich diese Berge. Jeder hat mal ein Foto gesehen. Sie stehen in einem Naturschutzgebiet der Navaho Indianer. Man verbindet sie irgendwie mit dem Indianischen, was auch immer sich jeder darunter vorstellen mag. Es sind heilige Berge. Wer jemals real auf der Anhöhe gestanden und auf die roten Felsen geblickt hat, wird dem zustimmen. Man kann sich dem Staunen und der Ehrfurcht nicht entziehen. Man mag sie nur als „großartig" oder „fantastisch" ansehen, man mag nur seine Fotos oder Filme machen und heutzutage über WhatsApp gleich in die Welt senden, man mag sein „Wow" ausrufen oder ein „my God", aber wer still ist und tief in seine Seele horcht, der wird eine andere Stimme vernehmen, die ihm sagt, dass der Mensch alles Mögliche ist, nur nicht die „Krone der Schöpfung" oder der „Herrscher der Welt".

Euer Menschenbild ist falsch. Es war schon immer falsch. Ihr seid kein Ebenbild Gottes, sondern ein krankes Kind der Erde, das sich viel zu viel anmaßt, in der Vergangenheit, in der Gegenwart und sogar in der Zukunft wollt ihr so weitermachen wie bisher. Aber ihr werdet verschwinden und bleiben wird nur Staub und der Wind.

Nach ihrem Tod wollte Brunhild nur ein Wind sein. Ob sie ein warmer Wind in diesem Gebiet ist? Immer stellt sich dem Menschen die Frage, wohin die Seele entschwindet, und immer wird er es niemals wissen.

Für die Indianer war die Seele irgendwo dort draußen.

In den Steinen, den Felsen, den Gräsern.

Es war und ist eine nicht zu fassende Dimension des Lebens auf der Erde.

Das Reich der Toten sieht vielleicht so aus wie auf dem Foto. Monument Valley.

Die Seelen kommen aus einer anderen Dimension und kehren dorthin zurück. Sie verweilen nur kurz auf der Erde. Sie sind wie kleine Zugvögel, die mal kurz auftauchen – und dann wieder verschwunden sind. Sie können nicht bleiben, sie sind zu flüchtig, zu leicht für die schwere Erde. Die Erde ist schwer von den Steinen und Metallen. Die Seelen sind leicht wie eine Daunenfeder.

Brunhild war eine Künstlerin gewesen, aber sie hatte sich keinen großen Namen machen können. Sie war nur lokal ein wenig bekannt, ein wenig geschätzt, aber am Ende ist nichts geblieben. *Gone with the wind.* Der Titel des Buches lässt sich auf vieles, auf viele Leben anwenden. *Gone with the wind.*

Sie war im Jahre der größten deutschen Macht geboren worden. Als sie starb, begann der endgültige Abstieg des Landes. Eine seltsame Zeitspanne. Als Künstlerin war sie gescheitert, wie so viele,

113

dachte Eberhard. Keine wirkliche Anerkennung ihrer Kunst, ihres künstlerischen Weges. Es ist immer das gleiche, dass bestimmte Sensibilitäten, bestimmte Sichtweisen nicht anerkannt werden. Die Bewerter haben seit eh und je ihre Schematismen im Kopf.

Kunst – und entartete Kunst, so der Schematismus der Faschisten. Aber alle anderen sind nicht besser. Die einen bejubelt man, die anderen verdammt man. Warum zieht sich das durch die Geschichte?, fragte sich Eberhard. Warum sind sie alle so?

Indianisch, das war für ihn, das ganz persönliche So-Sein, den ganz persönlichen Charakter, das spirituelle Wesen eines Menschen anzuerkennen.

Vermutlich hatte das mit der Realität bei den indianischen Stämmen nicht viel zu tun. Vermutlich war das nur eine mentale Konstruktion. Es war auch nicht Eberhards Idee oder sein Konzept, sondern kam aus der Welt der Hippies. *Be crazy like an Indian.*

Bei Brunhilds Kunst sprach man vom „Poetischen", aber eine wirkliche Anerkennung war das nicht. Die spezifische psychologische Dimension wurde nicht richtig erkannt und schon gar nicht anerkannt. Man war da einfach zu „dumm" und zu oberflächlich, um die seelischen Wunden und Verletzungen zu erkennen, denen sie eine künstlerische Form gegeben hatte.

Als sie sich dann buddhistischen und schamanischen Themen widmete, wandten sich die *Durchschnittsbürger* ab, denn eines wollen sie niemals, eine andere Weltsicht als ihre beschränkte, kleinbürgerliche, materialistische. Es lag natürlich auch daran, dass sie in einer Stadt sehr normaler Leute geblieben war, sie hätte nach New York oder London gehen sollen, damals, in den sechziger Jahren. Aber die kleinbürgerliche Angst hielt sie gefangen, hielt sie in ihren Klauen fest. Das geht vielen so, dachte Eberhard. Viele sind und bleiben Gefangene ihrer Angst. Prisoners of fear. Gehemmt und eingesperrt für immer. Daraus auszubrechen, mit allen Mitteln, auch mit LSD und exotischer Kleidung, die Idee der Hippies. Brunhild blieb in ihrer Stadt. Gefangen in der Kleinbürgerlichkeit.

Ein tragisches Künstlerleben.

Eberhard wusste nicht mehr, ob sie schon vor der Reise ihre Erdmütter und Urmütter gemalt hatte, oder nachdem sie in Santa Fe und anderen Orten indianisch geprägte Kunst gesehen hatte.

Ermütter, Urmütter, Mutter Erde, Heilige Mutter Erde – all das zählt in einer auf den Materialismus fixierten Gesellschaft nicht.

Sie hätte sich ganz auf eines der alternativen Themen konzentrieren sollen, dachte Eberhard, auf die Naturgeister, auf die Göttinnen der Welt, auf die Indianerinnen, oder meinetwegen auch auf die Engel. Alles „Esoterische" galt aber nichts in ihrer Stadt bei den geistig beschränkten Leuten, war nur Spinnerei, war nur Phantasie, war nur Träumerei.

Sie hätte eine deutsche Susan Seddon Boulet (Bilder finden sich im Internet) sein können. Aber Deutschland ist kein Markt. Sie hätte sich ganz auf das Schamanische konzentrieren sollen, aber das galt in ihrer Stadt als abartig, kulturfremd. Seltsam, dachte Eberhard, vor über dreißig Jahren galt vieles in Deutschland als kulturfremd, und heute ist Deutschland Buntland geworden, ein kulturelles Chaos, eine Mixtur aus allen möglichen Ländern.

Im Netz suchte Eberhard nach indianischen Frauen. Er fand viele edle Gesichter und edle Fotos. Inwiefern sie echt waren, konnte er nicht sagen. Durch Digitalisierung und AI (artificial intelligence) kann heute vieles „gemacht" worden sein. Die indianischen Menschen, die sie im Südwesten gesehen hatten, sahen eher normal aus. Sie drückten nicht unbedingt das Edle und Wilde aus. Aber die vielen Fotos im Netz zeigen uns, dass es eine Sehnsucht danach gibt: edel zu sein, rein und wild, ursprünglich und authentisch.

Aber Brunhild war durch viele negative Erfahrungen in der

Kindheit und Jugend zu „gebrochen", um edle Figuren zu malen. Die Realität war eine andere, erbärmlich und beschränkt. Außerdem hatte sich die Kunst schon länger dem Kranken und Kaputten gewidmet. Man hielt das für echter. Realistischer.

Da das bis heute so ist, dachte Eberhard, hat man auch keine positive Orientierung, keine Perspektive. Am Ende hat man nur eine Welt zerstört.

Sie hatten sich überall Läden mit **Indian Art** angesehen. Aber das meiste war nur Kunstgewerbe, hergestellt für Touristen. Sie sahen nur wenig Authentisches.

Aber auch nicht in den vielen Galerien in Santa Fe oder in Taos oder in Sedona. In Santa Fe gab es sogar eine ganze Straße mit sehr vielen Galerien.

In einer kleinen Galerie sprachen sie mit einem Galeristen darüber, und er bestätigte ihren Eindruck, dass es kaum oder gar nichts Authentisches, echt Indianisches geben würde.

Vielleicht landet in den Galerien nur das Falsche, nur die sogenannte Kunst, die längst keinen Spirit mehr hat, weil die Künstler nur ihre Karriere, nur ihre kleine Präsentation und Performance im Kopf und im Herzen haben, aber keinen Spirit, dachte Eberhard.

Das Echte muss man selbst leben, erleben, auch erleiden, und vor allem in der Natur praktizieren. Galerien, Geschäfte und Theater sind Orte des Falschen, dachte er.

Vielleicht leben sie es irgendwo, dachte Eberhard. Aber als Tourist, der durch die Gegend fährt, hat man keinen Zugang. Man sieht nur alles aus der Ferne wie im Fernsehen. Er hatte auch keine Orte entdeckt, an denen er eine spirituelle Praxis gespürt hatte, obgleich er danach gesucht hatte. Hier und da hatte er kleine Spuren hinterlassen, Mini-Medizinräder, Federn vom Bussard und Milan in den trockenen Boden gesteckt, eine Spirale gelegt.

Aber von anderen hatte er nichts entdeckt. Aber das hat nichts zu sagen. *Don't leave any footsteps.* Ein indianisches Prinzip.

Wenn man überall massenweise Gebetsfahnen hinterlässt, wie die Tibeter, dann taugt das nicht viel, und Eberhard fand es geradezu widerlich. Natur muss Natur bleiben, ohne menschliche Zeichen, ohne Hinweisschilder.

Felszeichnungen hatten sie gesehen. In Nationalparks, aber auch im Nirgendwo. Ein Indianer liebt das Nirgendwo, dachte Eberhard. Da kann man gut verschwinden. Da sieht einen keiner. Da findet einen keiner.

Heutzutage gibt es viele Youtube-Filme. Vor Jahren hatte er sich einige über den heiligen **Bear Butte** der Sioux angesehen, seitdem nichts mehr. Ob die jungen Indianer das für sich nutzen, ob sie sich überall selbst darstellen wollen oder meinen zu müssen, das wusste Eberhard nicht. Vielleicht tun sie es, brauchen es für ihr Identitätsgefühl. Oder nicht, wenn sie innerlich stark genug sind.

Spirale aus flachen Steinen am Green River 1997

117

Eberhard lief über ein Stück Grasland, das er vor vielen Jahren „my Indian country" genannt hatte. Ein wildes Stück auf der Hügelkette, die er vor mehr als dreißig Jahren „vision hill" getauft hatte. Man muss deutsche Landschaften neu benennen. Die Namen sind alle falsch.

Konnte man überhaupt als „Deutscher" ein „Indianer" sein? Von den Genen her wohl eher nicht, aber die Gene sind weniger wichtig als die Seele, als der Spirit. Letzterer ist der entscheidende Faktor. Was ist man vom Spirit her?

Sein Traum von „vision hill" war vorbei, war gestorben wie Brunhild. In den USA hatten sie ein paar Orte gefunden, die sie mit dem „vision hill" verbinden konnten. Partnerorte. Ähnliche Orte. Dort hatte Eberhard Milanfedern hinterlassen. Kleine Medizinstäbe versteckt, die niemand finden sollte.

Gerne hätte er das auch in der Mongolei gemacht, aber er war dorthin nicht gekommen, obgleich er Kontakt zu Schamanen aus

Tuva hatte, aber es war ihm zu weit gewesen, zu aufwendig. Man muss nicht unbedingt dort sein. Am Ende bleibt man doch nur kurz, ist nur ein kurzer Besucher, und fährt wieder fort.

Die magischen Orte in den USA waren Beweis genug, dass es Ähnlichkeiten und Verbindungen gibt, dass der „indian spirit" nicht auf einen Ort beschränkt war. Nicht nur im Hopi-Reservat gibt es magische Felsen. Im Harz gibt es mehr als genug! Lauter kraftvolle Felsen, genauso gut und stark wie im Hopi-Reservat oder in den Black Hills. Der Unterschied ist leider der, dass in Deutschland die Mehrheit in Hinblick auf Naturreligionen sehr ungebildet und unerfahren ist. Sogar, wenn sie die Rituale der Sioux kopieren und *heya heya heya* singen, bleiben sie es am Ende, weil sie den Weg zum Eigenen und Echten nicht durch Imitation finden.

Man muss weit zurückgehen in unserer Geschichte, um das zu finden. Mindestens viertausend Jahre. Also in eine Zeit, als es ein Adjektiv wie „deutsch" noch gar nicht gab. Die Geschichte hat nicht mit Kaiser Otto begonnen. Weit, weit zurück. Das ist anstrengend und dauert seine Zeit.

Kleine Rituale im Südwesten

Rituale waren und sind sehr wichtig. Sie sind Ausdruck eines spirituellen Lebensstils. Sie sind für Eberhard nicht von außen aufgezwungen, nicht in formalen Strukturen erstarrt, sondern kreativ und die eigene, individuelle Entscheidung, der persönliche Weg, mit den Geistern in Kontakt zu treten.

Für Eberhard musste das nichts Großes sein. Die Schwitzhütten, die bei vielen so beliebt waren, hatten ihn nicht angesprochen. Die Hitze und die anderen Leute konnte und wollte er nicht ertragen. Er war lieber für sich, oder mit Brunhild.

Gebete und Gesänge auf einem einsamen Berg, das war sein Weg. So suchten und fanden sie eine magische Felsgruppe mitten im Reservat der Hopi, von der man aus einen weiten Rundblick über das Land hatte. Dort hinterließen sie kleine Gaben für die *spirits*. Für die Geister des Ortes und der ganzen Natur.

In einem der Nationalparks (Island in the Sky) stiegen sie auf eine Anhöhe, arrangierten aus knochentrockenen Hölzern eine Art Kreis und steckten eine Milanfeder in die Mitte.

An vielen Stellen legte er seine Trommel auf den Boden, legte Hölzer und Steine daneben.

In den Bergen von Colorado legten sie auf einer Anhöhe ein kleines Medizinrad aus den Steinen dort, und zwar so, dass es nicht weiter auffiel, denn sie wollten nur bescheidene Spuren hinterlassen. Es war nicht ihr Land, sie waren nur zu Besuch. Es sollte eine Geste des Respekts und der Verbundenheit mit Orten in Deutschland sein.

Rituale sind nur Versuche. Bitten für ein gutes oder besseres Schicksal. Bitten für die Heilung der Erde, für Harmonie, für Ausgewogenheit, für *balance*, für *Mother Earth*. Am Ende war alles umsonst. Die Indianer konnten ihr historisches Schicksal nicht wenden. Sie haben keinen eigenen Staat. Sie sind an den Rand der amerikanischen Gesellschaft gedrängt und überleben mehr schlecht als recht.

Eberhard wusste nichts über die aktuelle Lage, denn er hatte sich damit lange nicht beschäftigt. Positives hatte er in den letzten Jahren nicht vernommen. Den alten Lebensstil konnten sie nicht zurückholen. Ob sie einen neuen gefunden hatten? Er hatte nicht den Eindruck. Wie sehen sie es heute, ihr Schicksal? Die Walze der Maschinenkultur war und ist wie der Ausbruch eines Supervulkans. Er vernichtet. Er zerstört. Die großen Prozesse der Erdgeschichte sind Schicksal. Niemand kann sie beherrschen.

Kleines Medizinrad im Arches National Park (Utah).

Kokopelli

Kokopelli ist eine mythische Figur, ein mythischer Flötenspieler, den man überall im Südwesten auf Felszeichnungen sehen kann. Hier eine freie Nachzeichnung einer Felszeichnung.

Wofür steht diese Figur?

Ich denke, sie steht für eine sehr intensive, beschwörende Verbundenheit (gilt für Männer und Frauen) mit der Natur, mit den Tieren und allem anderen.

„Kokopelli, the mysterious, humpbacked fluteplayer of the American Southwest, has been a sacred figure to Native Americans since prehistoric times.

Fertility symbol, rain priest, roving minstrel and trader, hunting magician, and trickster, Kokopelli was painted and carved on rock walls and boulders from the time of the Anasazi, the Ancient ones, to the 1700s.“

R. Carlos Nakai kann man als einen modernen „Kokopelli" ansehen. Musik bei youtube.

Kachina Dolls

Vor vielen Jahren gab es in Eberhards Stadt einen kleinen Laden mit dem Namen „Dakini Burg". Neben indianischem Schmuck gab es dort Kachina Puppen. Auf ihrer Reise durch den Südwesten der USA sahen Eberhard und Brunhild in vielen Läden diese kleinen, zierlichen Puppen. Man konnte diese Naturgeister-Puppen wohl recht gut verkaufen. Ob sie echt waren, das ist natürlich eine andere Frage. Vermutlich war so manches nur für den Markt hergestellt worden.

Vielleicht gibt es überall auf der Erde solche Geisterpuppen, die bestimmte Kräfte der Natur symbolisieren sollen. In der westlichen Kultur gibt es die Elfen, die Feen. Auch kleine Figuren, welche die Kräfte der wilden Natur darstellen.

Ebenfalls vor vielen Jahren besuchte Eberhard eine Ausstellung von Kachina-Dolls in Hannover. Hopi und Kachina – Indianische Kultur im Wandel. Es müsste wohl eher heißen: eine untergehende Kultur. Es passt ja alles nicht zur modernen Technik-Kultur, wobei die Welt der Digitalisierung für Eberhard eigentlich keine „Kultur" mehr ist.

Der westliche Mensch schätzt das Exotische, besonders, wenn man es vermarkten kann, aber mehr auch nicht. Das Weltbild will er nicht haben, die spirituelle Praxis will er nicht leben. Man kauft dann eine exotische Figur, stellt sie auf ein Regel, dort kann sie dann langsam verstauben.

Man muss seine eigene spirituelle Praxis in und mit der Natur leben, bei der dann Figuren wie die Kachina dolls eine Rolle spielen.

Eberhard fand die Figuren am Ende doch zu fremd, zu anders, eigenartig abstrakt. Er wollte keine für sich haben. Die Welt der Hopis war nicht seine. Er hatte keinen richtigen Zugang gefunden, anders als bei den Tibetern mit ihren vielen „Gottheiten", aber da ging es meistens nur um das Bewusstsein, um den „mind", wie die Lamas immer sagten, und sie meinten wohl auch eher den Verstand und weniger das Gemüt. Später grub er die verborgenen Wurzeln der eigenen Ahnen aus. Das schien ihm der einzig richtige Weg zu sein.

Black Elk auf dem Harney Peak, den Großen Geist rufend.
Jeder kann das auf seine Weise in jedem Land machen.
(Zeichnung des Autors.)

Collage im indianischen Stil

16. Die eigenen Ahnen

Wo kommen sie her, die eigenen Ahnen? Die Ahnen der Mutter, die Ahnen des Vaters. Da fängt das Problem schon an, wenn sie aus unterschiedlichen Regionen kommen, zwischen denen Hunderte von Kilometern liegen.

Ich konzentriere mich auf die mütterliche Linie. Die Mutter meiner Mutter hieß Wilhelmine Lucie Scharrelmann. 1993 – 1947 hat sie gelebt. Die Ahnen meiner mütterlichen Linie kommen aus der Wildeshausener Geest. In dem Gebiet gibt es bis heute sehr viele Megalithanlagen, die mich schon immer interessiert haben, bereits in der Kindheit. Die Geest fand ich immer interessanter als das Marschland an der Küste. Die Erde war mir zu schwer, nicht sandig, nicht leicht. Auf der Marsch wachsen keine Kiefern. Pappeln ja, Weiden auch, aber keine Kiefern. Kiefern verbinde ich mit Heimat und Herkunft. Also eben mit der Wildeshausener Geest.

Meine Großmutter habe ich nie kennengelernt, denn sie starb Jahre vor meiner Geburt. Was verliert man dadurch, dass man seine Großmutter nicht kennengelernt hat? Ich werde es nie genau wissen. Ich werde auch nie genau wissen, was die Ahnen aus der Gegend vor 2000 oder 4000 Jahren dachten und fühlten. Es wird alles im Dunkeln bleiben. Der Weg des Faktenwissens bleibt einem verschlossen. Also wird man einen anderen Weg gehen müssen, den Weg der Rückreise, meditativ oder schamanisch. Ich weiß, dass diese Wege nicht allgemein anerkannt sind. Man ist rational und materialistisch. Man braucht Knochen oder den genetischen Code. Das ist realistisch und man will realistisch sein. Alles andere wird ausgegrenzt und abgelehnt.

Es gibt andere Dimensionen. Die Welt der Träume, der Sehnsüchte, die spirituelle Welt. Sie ist lebendiger, fließender und bereichernder als irgendwelche Knochen, oder der genetische Code, der einem beweist, dass die Ahnen hier schon vor 7000 Jahren gelebt haben.

Was zeigt sich mir in dem Namen meiner Großmutter? Die Kraft des Willens. Ihren ersten Sohn nannte sie Willi, der im Weltkrieg fiel, und ihre Tochter, meine Mutter nannte sie so. Seltsam, wenn Eltern zwei Kindern den gleichen Namen geben. Lucie – das ist wohl die Licht- und Traumwelt. Das Verträumte. Die Verträumte. Die Lichte, die Glänzende, so die wörtliche Bedeutung. Lux – lateinisch für Licht. Das erinnert mich an den Luchs, der mir wichtig war und ist.

Und Scharrelmann? Ich finde eine sexuelle Bedeutung, die mir nicht gefallen will. Ich lasse sie einfach fort. Wilde Bewegungen konnten immer vieles sein. Schamanen rasselten und nutzten archaische Musik, sie tanzten wild, für Außenstehende chaotisch, sie machten Lärm für ihre Rituale, ihre Heilungsrituale, für ihre Ekstase. Scharrelmann als Meister der Trance, der Ekstase, das könnte mir gefallen, das andere ist mir zu profan.

Auch hier muss man sich entscheiden, will man der platten Realität folgen, oder seinen Träumen und Visionen. Ich habe mich vor vielen Jahren für den Weg der Visionen entschieden. Wie ich oben schon sagte: sie sind lebendiger, fließender, bereichernder, spiritueller.

Wie ich entdeckt habe, gibt es einen Autor, Wilhelm Scharrelmann. Er gehört wohl eher zu den vergessenen, unbekannten Autoren. Ich meine, dass meine Mutter ihn mal erwähnt hatte. Was sie sonst gesagt hatte, habe ich vergessen. Hat mich in meiner Jugend nicht interessiert.

Meine Mutter, die Mutter meiner Mutter, deren Mutter, und immer so weiter zurück in die Vergangenheit: Wie ähnlich waren sie sich?

Vielleicht denken wir heute, dass alles immer ganz neu, ganz anders oder völlig anders ist. Sicher, äußerlich hat sich viel verändert in den letzten zweihundert Jahren, aber innerlich eher nicht.

Sind wir bessere Menschen? Sind wir edler geworden? Sind wir weniger gierig, egoistisch und besessen von dieser oder jener fixen Idee? Ich denke nicht.

Lucie, ich nenne sie mal so, wie war sie vor 500 Jahren, vor 1000 Jahren, vor 7000 Jahren?

Ich war ein Kind des Lichts, mein lieber Nachfahre.

Wie deine Großmutter war ich im Mai geboren, dem schönen Mai, dem Wonnemonat, dem Monat der liebenden Göttin, die wir verehrten, die wir um Schutz baten. Ihr nennt sie heute Maria. Wir nannten sie Masana, aber wir hatten viele Namen.

Damals gab es noch keine Kriege wie später. Wir lebten am Fluss und hatten genug Platz für unsere Felder, unsere Tiere. Niemand störte uns und wir störten niemanden. Wir mussten nicht streiten. Es gab genug freies Land, als das große Eis des Nordens verschwunden war.

Schau in das Gesicht deiner Mutter. Wenn du lange genug in ihr Gesicht schaust, wirst du mich sehen. Wenn wir in ein Gesicht schauten, dann konnten wir sehr weit zurückblicken. Außerdem erinnerten wir uns an die Menschen vor 200, 300 Jahren recht gut, weil wir die Kette immer weiter erzählten und uns merkten. Unser Gedächtnis war sehr gut.

Ich wusste, dass es eine gute Methode war, in das Gesicht eines Menschen zu schauen – oder auf das Foto, wenn der Mensch bereits im Jenseits weilte. Man konnte eine Verbindung aufbauen. Die spirituellen Kanäle gibt es schon seit sehr, sehr langer Zeit. Man braucht dafür keine elektronischen Geräte.

Vielleicht können das heute nur noch die Aborigines in Australien, aber das weiß ich nicht genau. Viele Schamanen werden es können und anwenden, denke ich mal. Die modernen Leute, die auf ihr Smartphone fixiert sind, werden das wohl für Humbug halten, sollen sie ruhig. Mit ihrem Smartphone werden sie in diesem Fall nicht weiter kommen. Im Jenseits gibt es keine Funkmasten, die Seelen haben keine Nummern und sind somit nicht erreichbar, aber das wollen die modernen Technikmenschen sowieso nicht.

Es hat mich schon oft in Erstaunen versetzt, wie nah man den Ahnen kommen kann, wenn man obige Methode oder eine andere verwendet. Manchmal kommt es einem danach so vor, als wäre die frühere Zeit viel wichtiger als die Zeit in diesem Leben der letzten Jahrzehnte. Das ist eine Erfahrung, die man selbst machen muss. Jeder kann es einfach tun. Man braucht dafür kein Seminar.

Über viele Jahre habe ich die Reste der Megalithanlagen in der Region von Wildeshausen besucht. Immer auf der Suche nach Zeichen aus der vergangenen Zeit. Es sind leider nur Reste. Teilweise wurden sie zerstört. Warum eigentlich, fragt man sich? Bis wann gab es Menschen, die das sogenannte „Heidentum" lebten? Es ist noch nicht lange her, dass man die Anlagen unter Schutz gestellt hat. Allgemein ist immer von „Großsteingräbern" die Rede und man liest dieses Wort auf den Schildern. Aber sie waren mehr als das, Kultstätten, Orte des Gebets und der Initiation.

Wir waren immer mit den Verstorbenen verbunden. Sie hatten ihre Häuser aus Stein, die länger halten sollten als unsere Häuser aus Holz und Lehm und auch kleinen Steinen. Häuser der Ewigkeit.

Dort machten wir unsere Rituale, um ganz und intensiv mit ihnen in Verbindung zu treten.

Als junges Mädchen verbrachte ich einige Tage allein in der kleine Höhle, um meine Verbindung zu meinen Urmüttern zu erfahren und herausfinden, was meine Aufgabe in der Kette der Generationen sein würde.

Vor mir gab es ein Lucie. Nach mir würde es eine geben.

Was sollte ich mit Leben füllen?

*Was sollte meine Bestimmung in der Kette der Generationen sein? Die Aufgabe und die Bestimmung kommen von der **Großen Mutter**, nicht von uns und unserem Eigensinn. Der eigene Sinn ist nur ein kleiner Teil, größer und wichtiger ist der Gemeinsinn.*

Ihr habt in eurer modernen Zeit keine richtigen Sippen, Stämme und Völker mehr. Alles ist im Chaos versunken. Ich könnt das auch nicht mehr verstehen, weil ihr viel zu viele geworden seid und somit die Übersicht verloren habt und euch nicht mehr kennt.

Wir liefen viel, sehr viel. Fünfzig, hundert Kilometer. Wir wussten noch, wer dort und dort wohnte, welche Gruppe. Wir wussten, wie weit es bis zum Meer war, wie weit bis zu den Bergen, bis zum nächsten großen Strom. Wir hatten die Karten im Kopf, denn wir mussten sie im Kopf haben.

*Ich war allein in der Höhle, aber ich musste meinen Platz, meinen Weg in der Gemeinschaft herausfinden. Ich musste warten, dass mir die **Große Mutter** sagte, was ich zu tun hatte. Sie bestimmte das, ich musste es befolgen. Sie gestaltete die ganze Natur und so gestaltete sie auch unser Leben. Wir haben ihr gehorcht.*

Ihr wollt alles selbst bestimmen, die Erde selbst gestalten, alles so machen, wie es euch gefällt, nur euch, ihr denkt nicht an die Welt der Tiere, an die Welt der Pflanzen, ihr denkt immer nur an euren Vorteil. Das ist der böse Geist in euch, der euch beherrscht. Aber das wollt ihr nicht hören und wahr haben, sondern redet es euch schön.

*Wir waren alle Kinder der **Großen Mutter**, die wir achteten und liebten. Sie gab oder nahm das Leben, entsprechend hatten wir uns zu verhalten.*

Ich habe oft nach den Gesichtern auf den Steinen geschaut, wenn ich die Megalithanlagen besuchte. Viele Gesichter habe ich gefunden, sehr viele. Manche erschreckend deutlich.

Visbecker Braut, mittlerer Randstein, Westseite

Wenn man vor Ort ist, kann man es besser sehen, besser spüren. Das ist wie mit persönlichen Begegnungen. Alle Fotos, alle Filme bleiben immer nur ein Ersatz für das reale Erlebnis. Wenn man offen ist, kann man Erfahrungen machen. Wenn nicht offen ist, dann muss man nicht konkret vor Ort sein. Dann spürt und erfährt man sowieso nichts. Die Menschen der Vorzeit lebten ganz nah am Konkreten, Realen, und dennoch spürten sie die Geister mehr als die heutigen Menschen, die meist zu sehr in ihrer „Blase" gefangen sind.

Es ist schon seltsam, dass die heutigen Menschen so viel Wissen gesammelt und herausgefunden haben, so viele technische Möglichkeiten – und gleichzeitig so dumm sind, so beschränkt, so unwillig und immer noch meinen, die ganze Natur wäre ein Vergnügungspark, ein großer Spielplatz für ihre Bedürfnisse.

Die Steine waren für uns immer Wesen.

Hüter der Erde, der Geister der Erde.

Sie hatten für uns immer ein Gesicht, oder mehrere, so wie jeder eigentlich auch mehrere Gesichter hat.

*Wir klauten sie nicht einfach aus der Natur, sondern wir fragten sie, ob sie Teil unseres Tempels sein wollten oder nicht. Sagten sie NEIN, dann durften wir sie nicht nehmen. In der Regel ließen wir sie so, wie sie waren, denn es war nicht erlaubt, ihre Gestalt zu ändern, denn die **Große Mutter** hatte sie so geschaffen.*

Manche Steine hatten eine ausgeprägte Persönlichkeit. Andere deutlich weniger oder gar nicht.

Im Grunde war alles für uns von Leben erfüllt, mal intensiver, mal eher schwach. Überall waren Kräfte und Geister am Wirken. Wir lebten inmitten von allem. Manche von uns spürten es sehr intensiv, andere weniger. Manche leider nicht, sie waren grob und stur. Töteten zu viele Tiere oder waren nicht achtsam.

Manche Männer dachten auch schon, sie wären die ganz großen Herren der Welt, aber das waren nur einzelne. Später wurden es dann mehr.

Ich verstand mich als Hüterin.

Das war meine Aufgabe.

Ich hütete die alten Stätten. Nicht nur die mit den großen Steinen. Auch magische Bäume, einen besonderen Hügel und vieles mehr.

Meine Aufgabe als Hüter hat mir keine Behörde erteilt, sondern die Geister der Vergangenheit. Das hat sich im Laufe der Jahre und eines langen Prozesses ergeben. Gefühlt hatte ich es schon vor Jahrzehnten. Das volle und umfassende Bewusstsein erlangt man natürlich erst mit der Zeit.

Es ist eine eher belastende Aufgabe, weil man als Mann der Steinzeit am Ende doch erfolglos ist. Wenig oder gar nichts bewirken kann. Behörden sind beratungsresistent, normale Menschen unwillig zu lernen, oder auch nur zuzuhören. Sie haben andere Interessen.

Wer kennt überhaupt die Rolle eines spirituellen Hüters?

Die im Harz herumlaufenden „Schützer" heißen ja Neudeutsch „Ranger". Ab und zu war ich auf einen getroffen. Eine Frau sah ich mehrmals im Gebiet vom Uhlenkopf und Kattnäse. Seitdem weiß ich, dass sie vor allem nicht wollen, dass Wanderer die Forstfahrwege verlassen, aber gerade das will ich, die langweiligen Forstfahrwege verlassen, um geheimnisvolle Ecken des Waldes zu erkunden oder um alte, aufgegebene Wege zu verfolgen. Also muss ich aufpassen, dass sie mich nicht sehen, die „Ranger" oder die „Rangerinnen", wie manche wohl sagen. Ich mag die amerikanischen Wörter überhaupt nicht. Sie haben keinen guten Geist, sie drücken auch nicht das aus, worum es gehen sollte, um die tiefe Liebe zum Wald und um die Bewahrung der wilden Natur. Die „Ranger" wollen kontrollieren und reglementieren.

Ich stelle mir vor, dass meine Lucie aus der Steinzeit eine spirituelle Hüterin war. Dass sie vielleicht die Steinanlage der Visbe-

133

cker Braut hütete oder die Kleinknetener Steine. Außerdem könnte sie den Garten gehütet haben oder ihre Kinder. Da ist vieles denkbar, vieles möglich. Vielleicht hatte sie irgendeine besondere Fähigkeit und praktizierte diese. Vielleicht konnte sie gut singen und flöten und wurde deshalb eine Hüterin der alten Steine, weil sie auch die Ahnen rufen konnte.

Wenn wir uns es heute vorstellen, dass jemand vor 7000 Jahren die Ahnen rief! Wir kennen nicht mal unsere Ahnen vor 200 Jahren und haben auch kein Interesse an ihnen, weil die ja keine Ahnung von Technik haben, aber moderne Technik geht uns heute über alles.

Sie sind heute so fasziniert von der Technik, denke ich, richtig besessen. Das ist die moderne Form der Magie. Steine und Knochen – das war einmal.

Seltsam, wenn bei jemanden wie mir, die alte Magie plötzlich wieder auftaucht, die Magie der Federn zum Beispiel. Wie kommt das oder wo genau kommt das her?

Lucie hätte es wohl verstanden.

Wir lebten in einer Gemeinschaft, die immer wichtiger war als der Einzelne, den ihr heute so betont, als ein Glied einer Kette, was sich deutlich in unseren großen Grabanlagen zeigte. Du warst nur einer von vielen, sagte die Ur-Ahnin Lucie.

Das Alltägliche und das Spirituelle waren nicht voneinander getrennt, alles war verbunden, ging nahtlos ineinander über.

Wir brauchten kein ausgeklügeltes System von Göttern, die sich gegenseitig bekämpften wie spätere Generationen. Der Gedanke an Macht war uns fremd.

MACHT – die gehört immer zu Kriegsgesellschaften, zu Kampf- und Ausbeutungsgesellschaften. Davon seid ihr bis heute geprägt.

Es gab das große Schicksal von allem, der ganzen Natur, zu der wir gehörten – und von und in der wir lebten. Keiner war da „mächtig". Solche Gedanken kamen erst viel, viel später in die Welt. Was sie angerichtet haben, sieht man jeden Tag in eurer Zeit, die nicht meine ist. Eure dunkle Zeit gefällt mir nicht. Unsere, meine war heller, deutlich heller. Wir hatten eine positive Zukunft vor uns.

Die Natur schuf und kreierte das Gewebe, immer wieder neu, immer weiter. Sie schuf und bestimmte das Schicksal. Das musste man hinnehmen, und sonst nichts. Es war so, wie es war, wie es geschah, egal, ob uns das gefiel oder nicht. Wir haderten nicht damit, sondern nahmen es schlichtweg an.

Ihr hadert mit der Welt, wolltet sie besser machen, aber alles wurde immer nur schlimmer, weil euch der Virus der Macht steuert. Es gibt nur einen Weg: Sich von der Besessenheit befreien und sich voll und ganz an der Natur orientieren. Das ist mein Rat aus der Urzeit, flüsterte Lucie.

Die Natur ist die heilsame Ordnung.

Die Natur ist die einzig richtige Ordnung.

Schade, dachte ich, dass man mit den Urahnen nicht direkt kommunizieren kann. Nur über innere Vorstellungen, Träume, Visionen. Aber ein direktes Gespräch würde nicht mehr Wahrheit liefern. Es ist nur unser Tick, dass wir meinen, es wäre nur dann wahr, wenn es ein Foto, ein Video, eine technische Aufzeichnung gäbe. Aber nichts wird dadurch wahrer.

Was für das Individuum zählt, das ist das eigene Erlebnis, die eigene Erfahrung. Meine Lucie mag nur in meinen Vorstellungen von meinen norddeutschen Urahnen vor vielen Jahrtausenden existieren. Mir ist das egal, denn ich weiß um ihre Wahrheiten. Sie bleiben für immer bestehen.

Als ich nachts Gesänge aus einem fernen Land und einer anderen Kultur hörte (das Land ist hier nicht wichtig, weckt nur falsche Assoziationen), dachte ich, dass Lucie so gesungen haben könnte.

Es hat viele Forschungen zu den Menschen der Steinzeit gegeben. Aber was wissen wir über deren Gesänge, deren Rituale, deren Spiritualität? Nichts. Wir wissen eigentlich nichts.

Du bist auf einem richtigen Weg, sagte Lucie, aber du musst es auch nicht wissen. Unsere Zeit war eine andere. Ich möchte nicht tauschen. Eure Welt ist dem Tode geweiht, wie ich sehe. Am Ende ist alles dem Tode geweiht, aber das weißt du ja. Man muss wie die Natur singen, in und mit der Natur.

Wir sind ein Teil des Naturkreises, und der singt. Wie der Regen, wie der Fluss, wie der Wind. Es kommt von allein, es muss von allein kommen. Alles Angelernte und Übernommene ist falsch.

Es regnete wieder nachts, die ganze Nacht und ich dachte, dass sich die Welt „tot" regnet. Verregnet, das ist wie verbrannt oder verdorrt. Die Abwehr-Waffen der Natur gegen eine kranke Zivilisation. Es regnet ohne Ende. Die Wälder brennen ohne Ende. Die

Erde vertrocknet ohne Ende.

*Wer nicht umkehren will, muss untergehen, meinte Lucie. Wer die Erde nicht achtet, wer auf die Erde nicht acht gibt und ihre Gesetze nicht befolgt, muss untergehen. Das ist das Schicksal. An das muss man nicht glauben oder so, das ist einfach vorhanden. Das ist **die** Realität, auch wenn es vielen nicht so erscheinen mag oder sie es nicht akzeptieren wollen. Es ist so.*

Die große Gier gab es auch in meiner Zeit. Diese Gier nach Essen, nach Fleisch ohne Ende. Der Hunger und das karge Leben – und auf der anderen Seite diese Gier, diese Fress-Sucht, wenn sie ein großes Tier erlegt hatten. Dann waren sie total besessen.

Dann ging ich fort und suchte mir einen stillen Ort, sang meine Liederketten über eine andere Welt jenseits von Gier und Sucht.

Wolf E. Matzker, studiert seit vielen Jahrzehnten die archaischen Formen der Spiritualität. Er versteht sich als „Hüter" alter Kraftplätze und praktiziert selbst eine naturverbundene Spiritualität.

Heimat und Spiritualität, über Natur, Heimat und einen lokalen Schamanismus, 2017
Naturverehrung, die heilige Natur bei Goethe und anderen deutschen Dichtern, 2017
Heilige Berge, Magie, Schönheit und Spiritualität der Berge und Felsen, 2017
Megalith und Schamanismus – Großsteingräber in Norddeutschland und naturverbundene Spiritualität, 2018
Wodans Adler – naturmystische Gedichte 2012 – 2018, 2018
Meer und Traum, das Meer im naturmystischen Weltbild, 2019
Die heilige Heide. Magie und Spiritualität der Heide. 2019
Schamanismus und Spiritualität, Über Schamanismus, Kunst, Religion und das Leben, 2021
Waldwege. Der Wald in Zeiten des Klimawandels. Erweiterte Fassung von „Sterbender Wald". 2021
Die Sehnsucht nach einer anderen Welt. Über das Jenseits und Träume von einer anderen Wirklichkeit, 2021
Die Botschaft der Heckenrose, Naturzerstörung und Naturliebe, 2022
Die gute alte Zeit. Über lange vergangene, goldene Zeiten. 2022
Das Magische und Heilige des Waldes, 2023
Odins Weisheit oder die heilige Ordnung der Erde, 2023
Yggdrasil, neue Deutungen eines alten Symbols, 2024

Alle lieferbaren Bücher: siehe bei Amazon.
Weitere Informationen unter: www.visionhill.de
Alle Fotos, Collagen, Gemälde, Aquarelle und Zeichnungen vom Autor.

Literaturhinweise:

1. **Auel, Jean M.:** Ayla und der Clan des Bären
2. **Beyerlein, Gabriele:** Die Göttin im Stein, Berlin 2000
3. **Kalweit, Holger**: Traumzeit und innerer Raum. Die Welt der Schamanen. München 1984
4. **Meller, Harald und Kai Michel:** Das Rätsel der Schamanin. Eine archäologische Reise zu unseren Anfängen. Hamburg 2022
5. **Pogacnik, Marco:** Schule der Geomantie, München 1996
6. **Buzzi, Gerhard:** Indianische Heilgeheimnisse. Die Lehren von Großvater, dem heiligen Mann. Bergisch Gladbach 1997
7. **Buzzi, Gerhard:** Krafttier. Wie sie stärken, schützen, heilen. München 2000
8. **Gold, Peter**: Wind des Lebens, Licht des Geistes. Das heilige Wissen der Navajo und Tibeter. München 1997
9. **Lame Deer, John Fire, Richard Erdoes**: Tahca Ushte, Medizinmann der Sioux, München 1997
10. **Mails, Thomas E.:** Geheime indianische Pfade. Ein Führer zu innerem Frieden. München 1991
11. **Mails, Thomas E.:** Ich singe mein Lied für Donner, Wind und Wolken. Das Leben von Fools Crow. Frankfurt a. Main 1996
12. **Mehl, Lewis E.:** Coyote-Medizin. Geist und Erfolge indianischer Heilung, München 1997
13. **Sandner, Donald**: So möge mich das Böse in Scharen verlassen. Eine psychologische Studie über Navajo-Heilrituale, Düsseldorf 1994
14. **Schlesier, Karl H.**: Die Wölfe des Himmels, Welterfahrungen der Cheyenne, Köln 1985
15. **Schwarzer Hirsch:** Die heilige Pfeife. Das indianische Weisheitsbuch der sieben geheimen Riten, Bornheim 1982
16. **The Sacred Tree.** Reflections on Native American Spirituality. 1984